国有煤炭企业脱困增盈模式与路径研究
——基于平煤股份一矿实践

白纪成　吴玉萍　卢松涛 ◈ 著

郑州大学出版社

图书在版编目（CIP）数据

国有煤炭企业脱困增盈模式与路径研究：基于平煤
股份一矿实践／白纪成，吴玉萍，卢松涛著. -- 郑州：
郑州大学出版社，2024.12. -- ISBN 978-7-5773-0546-2

Ⅰ. F426.21

中国国家版本馆 CIP 数据核字第 202436Y7M4 号

国有煤炭企业脱困增盈模式与路径研究：基于平煤股份一矿实践
GUOYOU MEITAN QIYE TUOKUN ZENGYING MOSHI YU LUJING YANJIU：
JIYU PING MEI GUFEN YI KUANG SHIJIAN

策划编辑	胥丽光		封面设计	王 微
责任编辑	胥丽光　乔海萍		版式设计	苏永生
责任校对	张若冰		责任监制	朱亚君

出版发行	郑州大学出版社		地　址	郑州市大学路 40 号（450052）
出版人	卢纪富		网　址	http://www.zzup.cn
经　销	全国新华书店		发行电话	0371-66966070
印　刷	广东虎彩云印刷有限公司			
开　本	787 mm×1 092 mm　1／16			
印　张	10.5		字　数	207 千字
版　次	2024 年 12 月第 1 版		印　次	2024 年 12 月第 1 次印刷

书　号	ISBN 978-7-5773-0546-2		定　价	58.00 元

煤炭是我国主体能源，关系国民经济发展和社会大局稳定。近年来，受经济增速放缓、实施"双碳"战略及能源结构调整等因素影响，煤炭企业效益出现较大波动。党中央、国务院高度重视煤炭企业脱困增盈，颁布了《国务院关于煤炭行业化解过剩产能实现脱困发展的意见》（国发〔2016〕7 号），全力推动煤炭企业实现脱困发展。

平顶山天安煤业股份有限公司一矿（简称平煤股份一矿或一矿）始建于1957 年，是新中国成立后我国自行设计兴建的第一座大型煤矿，属于典型的国有老矿，企业人员多、社会负担重，资源条件和技术装备水平受限。近年来，一矿牢固树立并贯彻落实"五大发展理念"和供给侧改革，在中国平煤神马控股集团有限公司（简称集团）的坚强领导和大力支持下，将脱困增盈作为发展第一要务，全面实施脱困增盈方略，取得显著成效，初步形成了国有大型煤炭企业脱困增盈"企业样板"，其取得的显著成绩引起了社会广泛关注。集团的领导高度重视总结推广一矿典型经验问题。河南省煤炭学会的领导本着服务和推进河南煤炭行业高质量发展的目标，会同集团领导和河南理工大学相关研究院的专家对一矿脱困增盈的做法和取得的成就多次亲临现场调研，并在集团和河南省煤炭学会等地多次会商研讨一矿管理模式创新问题。最终该课题委托河南理工大学太行发展研究院课题组会同一矿相关部门人员共同展开专题研究。

本著作正是在上述背景下完成的。本书在实地调研和查阅整理大量文献资料的基础上，系统总结了一矿脱困增盈改革的经验和做法。全书由 8 个章节组成：绪论、平煤股份一矿脱困增盈实践的相关理论依据、平煤股份一矿经营困境回溯、平煤股份一矿脱困增盈的实践探索、平煤股份一矿脱困增盈实践的绩效评价、平煤股份一矿脱困增盈改革的管理模式、平煤股份一矿未来持续增盈的路径分析、平煤股份一矿脱困增盈实践的经验与推广。

　　本成果在启动和研究过程中，受到河南省煤炭学会理事长陈党义，中国平煤神马控股集团有限公司原常务副总经理、河南理工大学学术副校长张建国，河南理工大学原校领导、太行发展研究院常务副院长郑广华，河南省煤炭学会秘书长、河南理工大学矿业研究院院长杨建增，中国平煤神马控股集团有限公司常务副总经理李庆明，河南理工大学矿业研究院副院长、博士生导师李德海和河南理工大学工商管理学院博士黄二帅等诸多领导和专家的大力支持和精心指导，对此课题组表示衷心感谢。

目录

第一章

绪 论

本章分析了平煤股份一矿高质量发展面临的形势和要求,揭示了煤炭行业高质量发展的重要性、必要性、紧迫性和现实性。在此基础上,撰写本书的研究背景、研究目的和研究意义、研究内容与研究方法。

第一节 平煤股份一矿脱困增盈实践的研究背景

作为国有大型煤企,平顶山天安煤业股份有限公司(简称平煤股份)为了突破当前的发展限制,实施多项改革性举措,走出了一条稳生产、降成本、增活力、提效益的特色之路,那么该路径对煤炭行业的价值是什么? 是否指导煤炭企业高质量转型发展? 为此,本节将从行业需求和企业需求对平煤股份一矿脱困增盈实践的研究背景进行阐述。

一、行业需求

煤炭作为我国基础能源和重要的工业原料,在一次能源生产和消费结构中占比较高,为我国社会经济平稳较快发展提供了强有力的支撑。我国煤炭行业经历了波澜壮阔的40年,基本实现了十大历史性转变和三大科技革命,在基础能源方面作用越来越重要。根据中国煤炭工业协会2019年的数据显示,我国能源资源探明储量中,煤炭占94%,石油占5.4%,天然气占0.6%,具有"富煤贫油少气"的能源资源结构特点。我国一次能源生产总量为39.7亿吨标准煤,其中原煤产量38.5亿吨,同比增长4%;能源消费总量为48.6亿吨标准煤,其中煤炭消费占比为57.7%,这意味着煤炭工业是关系国家经济命脉和能源安全的重要基础产业,在今后较长时期内煤炭仍将是我国的主要能源,其在能源结构中的地位将是稳定和长期的。然而,随着经济增速放缓、结构调整加快、能源需求强度下降、煤炭供需失衡矛盾突出等因素对煤炭行业的恶劣影响逐渐显著,煤炭发展空间被日益压缩,导致国内煤炭产能过剩,而进口煤对国内市场冲击的加大,使得煤炭行业发展形势日益严峻。另外,随着生态环保和应对气候变化压力增加,国家已经将保护环境确定为基本国策,要求煤炭企业加快发展煤炭清洁开发利用技术,全面提高煤炭清洁利用水平,煤炭行业发展的生态环境约束被日益强化。2021年,国家主席习近平在陕西榆林考察时强调,煤炭作为我国主体能源,要按照绿色低碳发展方向,对标实现碳达峰、碳中和的目标任务,立足国情、控制总量、兜住底线,有序减量替代,推进煤炭消费转型升级,推进经济可持续性发展。国家坚持绿色低碳发展理念,通过制定并完善绿色低碳发展的政策法规体系,推动工业生产和消费模式的绿色转变,加强生态文明建设,实现资源节约和循环利用。同时,政府也逐渐加强了对绿色低碳产业的政策支持,达到促进清洁能源技术的创新和应用,推动产业结构升级转型的目的。在行业降本提质、双碳约束的背景下,煤炭行业面临着前所未有的挑战。一方面,煤炭作为传统能源的主要来源之一,其市场需求依然强劲;另一方面,随着全球气候变化问题的日益凸显,对煤炭行业的双碳目标提出了更高的要求。煤炭行业逐步探索高质量发展之路,不仅关乎煤炭企业自身的生存与发展,也是对整个国家实现可持续发展战略的重要考验。因此,在这样的背景之下,煤炭行业寻求一条既能保证经济稳定增长又不牺牲环境质量的高质量发展之路已经成为当前一项重要而紧迫的问题。

二、企业需求

一矿位于平顶山矿区中部,是新中国成立后我国自行设计兴建的第一座大型煤矿,是平煤股份的主力矿井。同其他资源型企业一样,持续高强度的开采,使矿井不可避免地进入浅部资源枯竭期、深部生产布局调整期,特别是受历史原因、条件变化、煤种单一以及近10年来国内外经济环境、环保制约等多方面因素的影响,叠加瓦斯压力增大、采掘接替紧张、成本利润倒挂、盈利能力减弱等诸多问题。同时,新时代人民对美好生活的向往、社会公众对环境风险认知和防范意识的增强,使人民对环境安全、环境质量改善诉求更加强烈,既需要煤炭行业提供强大物质原动力,又对煤炭发展提出了要求更严、标准更高的约束。在面临各种挑战和限制的情况下,一矿以往那种粗放型的发展方式已经不再适应市场的需求。这种模式缺乏效率,资源利用不合理,环境保护压力大,而且难以跟上行业发展的新趋势。只有坚持质量第一、效益优先的理念,从单一的生产型企业转向多元化、可持续发展型企业,才能让一矿重新焕发活力,实现转型升级,在激烈的市场竞争中脱颖而出。这要求一矿不仅要提升产品质量,还要通过技术创新和管理革新来提高生产效率,降低成本,增强企业的竞争力。一矿在这样复杂多变的情况下走出一条稳生产、降成本、增活力、提效益的特色之路。2021 年一矿实现脱困增盈,全年增收约 2.7 亿元,主要经营指标创近年来最好水平。一矿作为典型的国有大型煤矿,在产能过剩、国企改革、环境规制等大背景下探索出了一条成功的脱困增盈转型发展之路,其成功之处在于什么? 其脱困增盈实践背后所依托的管理方法是什么? 面对复杂严峻的形势,一矿如何全力打好打赢脱困增盈攻坚战? 这些问题的答案亟待总结,提炼一矿多年沉淀下来的脱困增盈实践经验,形成科学、系统的管理体系,从而更好地指导煤炭企业高质量转型发展。

第二节 平煤股份一矿脱困增盈实践 的研究目的和研究意义

一、平煤股份一矿脱困增盈实践的研究目的

本书以一矿的脱困增盈改革为研究内容,对其脱困路径及脱困后业绩状况进行分析,总结其成功脱困的原因,提出新环境下一矿改革增效的具体方案和措施,为一矿管理者提供脱困增盈路径选择以及后续治理策略,同时也希望本书能够为其他处于类似困境的煤矿企业提供宝贵的经验和参考。通过分析一矿的案例,其他煤矿企业可以学习到如何识别和解决自身的问题,如何采取创新措施来提高效率和盈利能力。具体来说,本书的研究目的有以下几点。

第一,通过梳理和分析一矿所面临的困境,以及脱困增盈的整个过程,本书对脱困增盈前后的绩效进行评价,这项评价不仅涉及财务数据的量化分析,还包括技术创新、人才创新、安全生产等非财务绩效分析,另外通过比较一矿在脱困前后的各项指标和数据,分析了其改善情况和存在的问题,并提出了进一步改进的建议,从而进一步提升其经营管理水平,实现可持续发展的目标。

第二,为了帮助一矿适应经济持续恢复的新环境,本书将理论与方法有效结合,构建了一套适用于一矿脱困增盈的理论框架和模型,使得一矿能够更好地理解和把握改革的方向,确保改革措施能够精准实施,并产生预期的效果,使其在激烈的市场竞争中保持竞争力,实现可持续发展。

第三,在深入研究和分析一矿的脱困增盈经验后,本书总结一系列具有普遍性的脱困增盈实践经验,探索未来持续经营的增盈路径,并探讨脱困增盈改革的适用情景,通过总结和提炼一矿在脱困增盈方面的实践经验,本书期望能够将这些宝贵的知识和策略推广应用到其他具有类似生产条件的矿井,从而发挥其在行业内的示范作用。

二、平煤股份一矿脱困增盈实践的研究意义

本书剖析一矿陷入经营困境的原因以及成功脱困增盈的应对措施,并对脱困增盈效果进行客观全面地绩效评价,构建平煤股份一矿脱困增盈路径,不仅有助于一矿厘清脱困增盈脉络,实现可持续发展,还将为其他同类型企业提供借鉴与启示作用。

(一)理论意义

从理论层面看,本书围绕经济新常态下煤炭企业展开研究,为相关研究奠定了基础。

1. 为煤炭企业脱困增盈改革研究引入新视角

首先,本书在研究过程中考虑了煤炭行业供需不平衡、国内煤炭市场竞争加剧、节能减排的外在压力等外在因素,研究的出发点比较切合实际。其次,当前关于煤炭企业脱困增盈实践的研究大多停留在理论探讨层面,缺乏深入的实证研究。最后,本书通过对一矿实施脱困增盈改革的案例分析,细致梳理了改革措施的执行过程、策略选择、关键技术应用等,总结出了成功的要素。通过对比分析,本书勾勒出一矿脱困增盈改革的方法和成功因子,总结一矿脱困增盈的经验,为煤炭企业脱困增盈改革研究引入新视角。

2. 丰富了煤炭企业发展的理论体系

本书在借鉴国内外对于煤炭产业研究的基础上,通过梳理价值链理论、战略管理理论、精益成本管理理论、资本结构理论、风险管理理论和内部控制理论,从而为一矿的脱困增盈实践提供理论指导。同时,本研究采用文献研究法、问卷调查法、案例研究法、层次分析法、模型拟合法、访谈调查法、现场观察法,梳理一矿脱困增盈过程,并结合其他煤炭企业发展所处的市场环境,指出了其他煤矿企业应该如何借鉴一矿的脱困增盈改革经验,为其他煤炭企业调整发展战略提供了借鉴,同时也丰富了煤炭业发展的理论体系。

(二)实践意义

1. 为煤炭企业脱困增盈改革提供经验借鉴

本书对一矿的发展现状、陷入经营困境的原因、脱困增盈的过程进行了梳理,并对脱困增盈后的经营业绩进行了评估,归纳出一矿可以成功实现脱困增盈的管理模式,探索一矿未来持续增盈的路径和对策建议。此外,本书还深入探讨了一矿未来如何持续增盈

的可能性与策略。提出了一系列针对性的建议和对策,旨在帮助一矿持续优化内部管理,提升生产效率,从而在竞争激烈的市场环境中保持领先地位。并在此基础上,总结该经验的应用价值与应用场景,以期对其他煤炭企业的脱困增盈起到一定的参考作用。

2. 促进一矿高质量转型发展

本书深入剖析一矿所面临的困境及其采取的一系列创新策略和管理方法,总结出其可以成功实现脱困增盈的经验及理论支撑。此外,本书还探讨了在一矿脱困增盈后,如何继续维持和增强其持续盈利的能力,提出了一系列切实可行的战略规划和实施方案。这些内容旨在帮助一矿从传统煤炭开采向多元化经营模式的高质量转型发展,确保企业能够长期稳定发展,并在激烈的市场竞争中占据有利地位。

第三节　平煤股份一矿脱困增盈实践的研究内容与研究方法

一、研究内容

本书总共包括八章,具体章节内容的布局如下。

第一章:绪论。概括了项目的研究背景、研究目的和意义、研究内容与研究方法。

第二章:平煤股份一矿脱困增盈实践的相关理论依据。本章是项目的理论基础,主要阐述价值链理论、战略管理理论、精益成本管理理论、资本结构理论、风险管理理论、内部控制理论等。

第三章:平煤股份一矿经营困境回溯。本章从平煤股份和一矿的发展概况出发,逐渐梳理了一矿陷入财务困境的经过,进而对一矿在经营困境期间的财务数据进行了分析,并从外部因素和内部因素两个角度对一矿经营困境形成的原因进行了剖析。

第四章:平煤股份一矿脱困增盈的实践探索。该章从一矿脱困增盈的整体思路入手,阐述了一矿脱困增盈的主要内容。对脱困增盈的具体措施进行分析,简要分析改革中的阻力。

第五章:平煤股份一矿脱困增盈实践的绩效评价。本章以财务绩效和非财务绩效评价为准则,建立了一套具有扎实方法论、科学性强并适用一矿实际状况的绩效评价模型、绩效评价的结果及分析。

第六章:平煤股份一矿脱困增盈改革的管理模式。本章基于战略管理理论、资本结构理论、价值链理论等相关理论，以及结合其他国有大型煤矿改革脱困的做法，提出了"一二三五六框架模式"，全面分析了一矿脱困增盈的改革的管理思想、框架模式、运行机制、保障体系、主要领域。

第七章：平煤股份一矿未来持续增盈的路径分析。本章从内部和外部的角度分析了新环境下平煤股份一矿经营管理面临的挑战，并运用模型拟合法和案例分析法对一矿的价值链进行了分析，在此基础上对平煤股份一矿未来持续增盈的途径进行了探讨。

第八章：平煤股份一矿脱困增盈实践的经验与推广。本章从4个角度对一矿脱困增盈实践的经验进行了总结，梳理出了经验应用的价值和适用情景，并指出了经验推广的方式、基本原则和风险。

二、研究方法

本书以公司脱困增盈理论为基础，以一矿为研究对象，旨在得出其成功脱困的经验与启示。因此，本书使用的研究方法主要包括文献研究法、问卷调查法、案例分析法、层次分析法、模型拟合法、访谈调查法、现场观察法。

1. 文献研究法

文献研究法主要指搜集、鉴别、整理文献，并通过对文献的研究形成对事实的科学认识的方法。本书通过对国内外企业经营困境问题的相关文献进行搜集、归纳整理，了解目前企业财务困境问题的研究现状及改革任务的实施状况。同时，本书借鉴价值链理论、战略管理理论、精益成本管理理论、资本结构理论、风险管理理论、内部控制理论确定本书的研究思路及研究框架，为后文分析一矿的脱困路径及其实施效果提供理论依据。

2. 问卷调查法

问卷调查法是国内外社会调查中较为广泛使用的一种方法，是研究者用控制式的测量对所研究的问题进行度量，从而搜集到可靠资料的一种方法。本书根据一矿的实际情况制作调查问卷，通过实地调研的方式发放给一矿各级领导和煤炭行业的专家，收集问卷调查结果，对其进行逐一分析，得到一矿脱困增盈真实的实施情况。

3. 案例分析法

案例分析法是指对某一个体、某一群体或某一组织在较长时间里连续进行调查，从而研究其行为发展变化的全过程。本书紧紧围绕一矿脱困增盈展开，结合相关学者研究成果及企业脱困现状，以一矿为实际案例进行研究，分析一矿经营困境形成原因和实践研究，构建一矿脱困增盈的框架模式和绩效评价模型，剖析一矿脱困增盈路径，得出结论和启示。

4. 层次分析法

层次分析法是指将一个复杂的多目标决策问题作为一个系统,将目标分解为多个目标或准则,进而分解为多指标(或准则、约束)的若干层次,通过定性指标模糊量化方法算出层次单排序(权数)和总排序,以作为目标(多指标)、多方案优化决策的系统方法。本书分析一矿脱困增盈前后的绩效变化,以财务绩效和非财务绩效评价为准则,将绩效指标分解成目标、准则、方案等层次,在此基础之上进行定性和定量分析,对应分析一矿脱困增盈的财务状况、经营成果、内部治理环境的改善效果,从而反映一矿脱困增盈的真实效果。

5. 模型拟合法

模型拟合法指的是评估模型估计的方差或协方差矩阵与观察样本方差或协方差矩阵之间的差异度,通俗来说就是假设的理论模型与实际数据的一致性程度,模型拟合度越高,代表理论模型与实际数据的吻合度越高。本书以数据分析为核心,结合一矿的内部价值链,梳理其内部作业链的流程,并运用模型软件对各个作业链条进行优化,进而总结出了一矿持续增盈的路径,为其他企业脱困增盈提供了一些启示。

6. 访谈调查法

访谈调查法通常是在面对面的场合下进行的,由调查人员(也称为"访谈员")接触调查对象,就所要调查的问题做出回答,并由访谈员将回答内容及交谈时观察到的动作行为及印象详细地记录下来。通过与一矿员工和领导进行面对面交流或远程交流,询问一矿在脱困增盈改革中采取的具体措施、遇到的挑战、取得的成果等,收集到关于一矿脱困增盈改革的口头资料,以了解脱困增盈改革的思路和实施情况。

7. 现场观察法

现场观察法是观察者有目的、有计划地运用自己的感觉器官或借助科学观察工具,能动地了解处于自然状态下的社会现象的方法。通过对洗煤厂、机电区、掘进区、通风区和采煤区等不同作业区域进行现场观察,了解到脱困增盈改革后这些区队的作业模式,并进一步对一矿的矿井地面生产流程进行梳理,以此反映出一矿脱困增盈的真实效果。

第二章

平煤股份一矿脱困增盈实践的相关理论依据

　　一矿的脱困增盈实践需要依靠理论的指导,通过运用相关理论,可以更好地理解和应对企业经营活动存在的问题,提升经营效益,并为战略目标的实现奠定坚实的基础。

第一节　价值链理论

一、价值链的含义

　　1985年,迈克尔·波特在他的著作《竞争优势》中首次提出了价值链理论,他提出企业的各项生产经营活动并非孤立存在,而是相互关联的,这使得企业的生产经营活动构成了一个完整的价值链,并强调企业的根本任务是创造价值。另外,迈克尔·波特在其价值链理论中指出,企业的价值活动是由多个独立环节组成的整体,每个环节都需要消耗资源进行操作,并按照一定的顺序传递到下一个环节,最终将成品提供给购买方。当从购买方获得的收入超过投入价值链中的成本时,企业的价值链就实现了增值。因此,通过优化资源配置,企业能够最大程度地实现每个环节的价值,从而实现整体的价值创造,帮助企业在行业竞争中获得竞争优势。

　　价值链的初始分析聚焦于内部价值活动,这些活动分为核心活动和辅助活动两部分。核心活动包括生产经营、物流支持、销售、售后服务和维护等业务,这些业务在不断变化的环境中进行成本分析以确保竞争力。辅助活动则涉及人员管理、基础设施建设、财务管理等,为企业的生产经营提供全方位支持。根据价值链管理模型,企业的经营流程被细分为多个流程,通过协同合作实现整体竞争力提升的目标。这些流程相互交织,共同构成企业的价值链,为实现高效运营和持续增长提供了重要支撑。

二、价值链的内容

迈克尔·波特提出的价值链理论的最初核心目标是为公司内部增值活动提供服务,但是由于企业运作的复杂性日益增加,价值链理论的范围也在不断扩大,融合了战略思想和协同思想,逐渐将价值链理论由平面理论转化为三维理论(图2-1)。

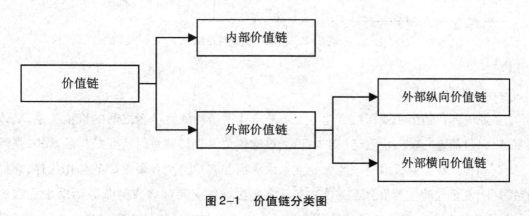

图2-1　价值链分类图

1. 内部价值链

企业内部价值链是构成企业运营体系的重要组成部分,它涵盖了各种功能部门和流程的集合,承担着为产品或服务增值的关键任务(图2-2)。内部价值链一般被分为两大类别:基本活动和辅助活动。基本活动是构成内部价值链的主要环节,包括内外部后勤、运输、销售和售后服务等。内部后勤涉及企业内部的物流管理,包括原材料的进货、仓储和分配等环节,确保生产所需物料的顺利供应;外部后勤关注与产品库存管理和向客户分发相关的活动,以确保产品能够及时、准确地送达客户手中;运输环节则是将产品从生产地点运送到销售地点的重要环节,其高效与否直接影响着供应链的畅通和客户满意度。辅助活动是对基本活动的支持,为其开展提供了便利,辅助活动包括设备、技术、管理、人员等在企业经营管理中所投入的各种资源。例如,先进的生产设备和技术可以提高生产效率和产品质量,科学的管理制度可以优化资源配置和提升工作效率,优秀的员工队伍是企业持续发展的重要保障。

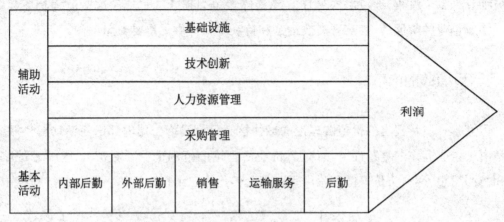

图2-2 内部价值链构成图

2. 外部价值链

企业外部价值链主要探讨企业与上下游合作者及同业竞争者之间的价值关系，具体包括纵向价值链与横向价值链(图2-3)。纵向价值链更加注重对行业结构的解构，强调供应商和客户在企业价值链中的重要性。供应商和客户是企业最重要的合作伙伴，它们直接影响着企业的生产和销售环节，企业需要在与供应商和客户的业务活动中加强沟通，发展共同利益。纵向价值链的意义在于促进企业与其外部供应商和客户之间的紧密联系，从整个行业流程的角度出发，实现合作共赢。横向价值链更加侧重于对竞争对手的了解和分析。同行业的企业作为竞争对手，它们的活动对企业的市场地位和竞争优势产生直接影响，企业需要对竞争对手的整个价值链成本进行深入分析和客观比较，以便发现自身的优势和不足。只有通过了解竞争对手的优势和弱点，企业才能更好地制定竞争策略，建立自身的成本优势。因此，企业需要在竞争激烈的市场环境中合理建立自身的成本优势，从而实现长期的竞争优势。外部价值链的分析不仅有助于加强企业与其合作伙伴之间的合作与协调，也有助于企业制定更加有效的竞争策略，从而在市场竞争中获得更大的优势。通过对纵向和横向价值链的深入研究和分析，企业能够更好地应对外部环境的变化，实现持续性的发展和增长。

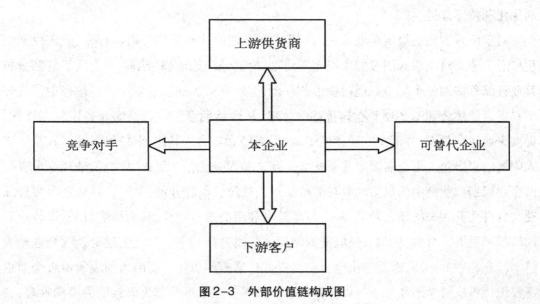

图2-3　外部价值链构成图

三、价值链理论的运用

价值链理论在业务战略制定、产品开发和创新、供应链管理、成本管理、市场营销和业务流程优化等各个方面都有着广泛的应用。在业务战略制定方面,通过深入理解和运用价值链理论,企业可以提高竞争优势,实现持续增长和发展。价值链理论可以帮助企业识别和理解其核心竞争优势所在,以及如何通过优化价值链的各个环节来增强竞争力。企业可以利用价值链分析确定哪些活动是其竞争优势的源泉,并制定相应的业务战略来加强这些活动,从而获得市场优势。在产品开发和创新方面,通过价值链分析企业可以识别产品开发和创新过程中的关键活动和环节,从而更好地组织资源和投入,并加速产品的上市和推广,帮助企业深入了解产品开发过程中的价值创造和价值捕获机会,从而提高产品的竞争力和市场占有率。在供应链方面,企业可以通过价值链分析来优化供应链中的各个环节,包括原材料采购、生产、物流和销售等,以提高供应链的效率和灵活性,降低成本并提高客户满意度。在成本管理方面,价值链理论可以帮助企业进行成本管理,通过对价值链中各个环节的成本进行分析和比较,企业可以确定成本主要集中在哪些环节,并采取相应的措施来降低成本,提高利润率。在市场营销方面,价值链理论可以帮助企业识别和理解客户价值链中的各个环节,从而更好地满足客户需求,提供差异化的产品和服务,并建立持续的竞争优势。在业务流程优化方面,通过对价值链中各个环节的流程进行分析和改进,企业可以提高生产效率、降低生产成本,并实现业务流程的优化和持续改进。

对于陷入困境的煤炭企业来说,运用价值链理论具有重要价值。首先,能定位和优化核心业务。对于陷入困境的煤炭企业而言,价值链理论能够帮助企业全面了解和分析其业务流程中的各个环节。通过价值链分析,能够有效识别企业生产经营过程中哪些环节具备竞争优势和哪些环节不具备竞争优势,从而帮助企业进行核心业务定位和优化,提高企业运营效率,降低企业运营成本,增强市场竞争力。其次,能挖掘新的增长点。陷入困境的煤炭企业可能需要寻找新的增长点来实现企业扭亏脱困,而价值链理论可以帮助企业识别产业链中的机会和潜在的增长点。通过分析企业的整个价值链,企业可以发现与自身业务相关的新兴领域、新的市场需求和新的消费趋势,从而抓住机遇,进行业务的转型和发展。再次,能加强供应链管理和供应商合作关系。价值链理论强调企业作为整个产业链中的一环,需要与供应商和客户进行紧密的协作。而陷入困境的煤炭企业更需要优化供应链管理和加强与供应商的合作关系。通过对外部价值链的关注和管理,企业可以更好地把握供应链上的机会和挑战,提高与供应商之间的合作效率和互动水平,从而实现成本的控制和质量的提升。最后,能强化客户导向和市场竞争力。价值链理论提醒企业将客户放在核心位置,以客户需求为导向进行业务流程的设计和优化。对于陷入困境的煤炭企业而言,通过价值链分析能够帮助企业深入了解客户价值链中的关键环节和需求,进而提供差异化的产品或服务,满足客户的期望,提升客户满意度和市场份额。

第二节　战略管理理论

一、战略管理的含义

战略管理理论是管理学中一项重要的理论和实践体系,旨在指导企业在不断变化的市场环境中实现长期竞争优势和持续盈利。这一理论最早由钱德勒在1962年出版的《战略与结构:美国工业企业史的考证》中提出,他认为企业的战略必须适应环境的变化并满足市场需求,而组织结构则必须与战略相匹配,这为战略管理理论的发展奠定了基础。在20世纪80年代,迈克尔·波特的两部著作《竞争战略》和《竞争优势》推动了战略管理理论的进一步发展,迈克尔·波特认为企业要实现盈利,必须寻找具有潜在利润的行业,并善于利用自身资源,通过制定适合行业竞争环境的战略,可以使得企业形成核心竞争优势,这将有助于企业在竞争的过程中占据有利地位,而企业持续拥有竞争优势也是战略管理理论关注的核心问题。战略管理理论能够帮助企业认识到在不断变化的市场环境中,制定和实施有效的战略至关重要。首先,企业必须对市场环境进行深入分析,了解市场趋势、竞争对手和消费者需求以及评估企业自身的资源和能力。其次,企业应该根据市场需求和资源状况制定战略目标,并建立相应的组织结构来支持战略的实施。这意味着组织结构必须与战略相匹配,以确保企业能够快速响应市场变化,提高决策效率和执行能力。另外,战略管理理论还强调了企业需要寻找和发展核心竞争优势的重要性。企业必须找到适合自身特点和资源配置的战略方向,并不断优化资源配置,以形成独特的竞争优势。这一优势不仅能够帮助企业在市场竞争中脱颖而出,还能够为企业持续的盈利和发展提供坚实的基础。

二、战略管理的过程

根据战略管理理论,战略管理指的是企业确定其使命,根据组织外部环境和内部条件设定企业的战略目标,为保证目标的正确落实和实现进行谋划,并依靠企业内部能力将这种谋划和决策付诸实施,以及在实施过程中进行控制的一个系统性过程,它包括4个方面,即战略设计、战略实施、战略评估和战略调整(图2-4)。战略设计是战略管理的第一阶段,根据企业所处内外部环境,确定企业的外界机会和威胁以及企业内部优势和劣势,从而建立一个长远目标,形成可供选择的几种战略和选择可操作的战略方针。战略实施是战略管理的第二阶段,这一阶段是通过建立短期目标,制定战略支撑文化、有效的组织机构以及相应的激励政策等,有效调配企业所拥有的内外部资源,保障制定的战略能够得到实施。战略评估是战略管理的第三阶段,它对已经实施的战略进行全面的评估和检查,以确保战略实施的有效性和可持续性。战略评估的目的是衡量战略目标的达成程度,并及时发现潜在的问题和机会。战略调整是战略管理的第四阶段,它是在战略评估的基础上对实施的战略进行必要的调整和改进。战略调整的目的是确保企业能够适应不断变化的内外部环境,以保持长期竞争优势,从而实现企业的战略目标。

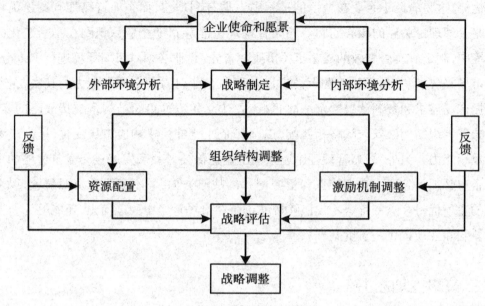

图2-4 战略管理过程模型

三、战略管理理论的应用

战略管理理论在业务战略制定、组织结构设计、绩效管理、风险管理、市场营销和企业合并与收购等各个方面都有着广泛的应用。在业务战略制定方面，通过深入理解和运用战略管理理论，企业可以有效地制定和执行战略，提高竞争力，实现持续增长和发展。战略管理理论可以帮助企业制定和调整其业务战略，以适应外部环境的变化和内部资源的限制。在组织结构设计方面，战略管理理论可以帮助企业设计适应战略目标和业务需求的组织结构，另外企业可以利用战略地图、价值链分析等工具来优化组织结构，提高组织的灵活性和响应速度。在绩效管理方面，企业可以利用平衡计分卡、目标管理和关键绩效指标等工具来与战略目标对齐，评估绩效表现，并采取相应的措施来调整战略执行过程中的偏差。在风险管理方面，战略管理理论可以帮助企业识别和评估各种战略和业务风险，并制定相应的应对策略和措施。企业可以利用风险矩阵、场景分析等工具来管理和降低风险对战略实施的影响。在市场营销和企业合并与并购等方面，企业可以利用市场定位、产品组合、渠道管理等战略工具来制定市场营销战略，提高市场份额和品牌影响力。在企业合并与收购方面，战略管理理论可以帮助企业评估目标公司的战略价值和风险，并确定合适的合并与收购战略，并利用战略地图、SWOT分析等工具来评估并优化合并与收购的战略逻辑和实施计划。

对于陷入困境的煤炭企业而言,运用战略管理理论具有重要意义。在制定和执行企业的战略时,陷入困境的煤炭企业不仅需要考虑外部环境和行业竞争格局等外部因素,还需要善于整合企业拥有的内部资源,优化资源配置,发挥人才、组织、技术、网络和市场等各方面的战略能力,提升企业的核心竞争力,促使企业摆脱目前遇到的困境。此外,陷入困境的煤炭企业还应招聘和培养具有战略眼光和创新思维的人才,通过人才优势,提升企业的战略视野,改变企业的商业模式,从而取得持续性的竞争优势。因此,对于陷入困境的煤炭企业来说,应掌握战略管理理论,战略管理不仅关注企业的外部环境和竞争力的塑造,也重视内部资源的整合与提升,通过整合陷入困境的煤炭企业内外资源,优化战略决策和战略执行,可以促使企业提升核心竞争力,取得长期性竞争优势,扭亏脱困,实现长期的盈利能力。

第三节 精益成本管理理论

一、精益成本管理的含义

成本管理是企业生产经营过程中各项成本核算、成本分析、成本决策和成本控制等一系列科学管理行为的总称,旨在降低企业的内部交易成本。精益成本管理则是在成本管理过程中引入精益管控思想,旨在对各类成本要素进行精益化管理,帮助企业降低内部交易成本的同时帮助企业创造价值,即将精益思想运用到企业成本控制当中,以实现顾客价值最大化为总目标,运用价值链分析等工具,将成本控制工作的起点前置到设计阶段,对设计研发、采购物流、生产制造以及售后服务等方面的各项价值活动进行优化和改善,从而消除非增值作业的一种成本管理方法。精益成本管理的含义不仅仅是关注如何降低成本,更是要通过精益化的管理手段,实现成本与价值的平衡。在企业的价值链体系中,精益成本管理覆盖了物资采购、生产经营、销售等价值链的各个环节,企业通过精益管理思想管理采购、生产和销售过程的各个环节,能够降低产品的生产成本,获得长期性竞争优势。在物资采购环节,精益成本管理通过优化供应链管理、供应商选择和采购流程,降低原材料和零部件的采购成本。在生产经营环节,精益成本管理着重于识别和消除生产过程中的各种浪费,提高生产效率,降低生产成本。同时,在销售环节,精益成本管理通过销售预测和订单管理,避免过度生产和库存积压,降低销售成本,提高销售效率。精益成本管理不仅仅是一种成本控制手段,更是一种全方位的管理理念。它鼓励企业在降低成本的同时,注重价值创造,提高产品质量和客户满意度,从而实现长期的竞争优势。

二、精益成本管理的内容

鉴于企业内部的价值链是精益成本管理的起始点,因此优化企业的价值链成为实现精益成本管理的关键,企业精益成本管理的内容如下。

1. 精益设计成本管理

前期的产品设计在整个价值链中发挥着极其重要的作用,在产品设计阶段,诸如成本、质量等关键特性基本上都能够初步确定,因此,研发设计阶段的成本控制显得尤为重要。重视设计阶段的成本管理能够有效提高整个价值链的精益成本控制水平,使企业在市场竞争中更具竞争优势。

精益设计成本管理的实践可以从多个方面展开。首先,产品设计的标准化。过多的产品配件规格往往会增加采购周期,加大采购成本,并增加库存成本。因此,通过减少产品规格,实现零部件的标准化和通用化,能够有效降低采购成本,提高生产效率,减少库存积压,从而优化整个供应链的效率。其次,确定目标成本。在产品开发阶段,根据市场需求和竞争情况,企业应该确定一个合理的目标成本。通过实时监控各个研发环节的成本,及时调整研发方向和资源配置,以确保产品的成本在可接受范围内,并且具有竞争力。同时,这也有助于企业在竞争激烈的市场中获取持续的竞争优势。此外,精益设计成本管理还可以通过优化设计流程、提高设计效率、降低设计错误率等方式来实现。通过引入先进的设计工具和技术,以及建立跨部门协作的团队,能够更加高效地进行产品设计与开发,减少重复工作和浪费,降低产品研发成本,提高产品质量和市场反应速度。

2. 精益采购成本管理

采购成本是成本管理的重要一环,因为采购成本在营业成本中占较大比重,可达50%~70%。精益采购成本管理通过多方面的策略入手,旨在综合考虑供应商的价格、质量和交付及时性等因素,从而降低企业的采购成本。精益采购成本管理通过制定采购战略、转变采购模式、适时采购和加强与供应商的合作等多方面的策略,帮助企业降低采购成本,提高效率,实现成本控制的目标,增强企业的竞争力和可持续发展能力。

首先,精益采购成本管理着眼于制定适当的采购战略。企业需要根据自身的情况和市场的变化,制定合理的采购策略,包括选择供应商、谈判价格、确定采购方式等。通过与供应商建立长期稳定的合作关系,企业能够获得更好的价格优惠和服务支持,从而降低采购成本。其次,精益采购成本管理需要转变传统的采购模式。传统的采购模式往往只注重价格,但精益采购成本管理强调综合考虑价格、质量和交付及时性等多个因素。企业可以采用更加灵活的采购方式,如集中采购、联合采购、电子采购等,以降低采购成本,提高效率。再次,企业需要根据市场需求和供应商的情况,选择最佳的采购时机,以获取更有利的价格和条件。通过精准的市场预测和供应链管理,企业能够避免因库存积压或者原材料价格波动而增加的成本,从而降低采购成本。最后,加强与供应商的信息沟通和合作。企业应该与供应商建立良好的沟通机制,及时了解市场动态和供应商的情况,共同解决问题,共同优化采购流程,实现双赢。

3. 精益生产成本管理

企业精益成本管理的一个主要方面集中在生产制造成本的改善。生产制造过程涉及加工、检验和返工、过程等待、储存及产品发运等多个环节,针对这些环节的优化改善能够有效降低成本、提高效率。企业通过消除管理的浪费、提高生产反应速度,以及通过现场改善消除浪费等方式,能够有效降低生产制造成本,提高生产效率,实现精益生产成本管理的目标。实施的精益成本管理举措不仅能够提升企业的竞争力,还能够为企业创造更大的价值,促进企业可持续发展。

4. 精益物流成本管理

物流成本在制造业中较为突出,包括外部物流成本和内部物流成本。外部物流方面,企业常常面临原材料入库等待、交付不及时、仓储成本等挑战;而内部物流方面,则存在重复搬运、物料齐套等待等问题。因此,消除物流环节的浪费,建立起快速响应的物流系统,成为精益物流成本管理的核心目标。

针对外部物流,企业可以通过优化供应链管理,降低原材料入库等待的时间。一方面,企业可以通过与供应商建立更加紧密的合作关系,优化采购计划,减少库存积压,提高物料供应的及时性。另一方面,企业可以采用现代化的仓储管理技术,优化仓库布局,降低仓储成本,提高物料的存储效率。对于内部物流,企业可以通过精益生产管理方法,减少重复搬运和物料齐套等待。通过优化生产线布局,设计合理的物料配送方案,减少物料的搬运距离和次数,降低物料在生产过程中的等待时间,提高生产效率和资源利用率。同时,采用自动化和信息化技术,实现物料的精准配送和管理,进一步提高内部物流效率,降低成本。通过优化外部物流和内部物流,企业能够实现物流成本的精益管理,为企业的可持续发展和长期成功奠定坚实基础。

5. 精益服务成本管理

为增强市场竞争力,现代企业越来越注重对客户的服务。精益服务成本管理旨在以最小的服务成本满足客户的价值需求。通过提供令客户满意的服务，企业可以吸引更多的市场份额，提升自身的竞争力。

首先，精益服务成本管理强调服务成本的最小化。企业需要精心设计服务流程，优化资源配置，以确保在提供高质量服务的同时，尽可能地降低成本。通过优化服务流程，减少不必要的环节和浪费，企业能够在提升服务质量的同时降低服务成本，提高服务的经济效益。其次，精益服务成本管理注重客户价值需求的满足。企业需要深入了解客户的需求和偏好，根据客户的需求定制个性化的服务方案，提供符合客户期望的服务体验。通过提供高品质、高价值的服务，企业能够赢得客户的信任和支持，提升客户的满意度和忠诚度，从而巩固和扩大市场份额。最后，精益服务成本管理强调了服务的持续改进和创新。企业需要不断地反思和优化服务流程，借鉴先进的管理理念和技术手段，不断提升服务水平和效率。通过持续的创新和改进，企业能够不断提升竞争力，保持在市场上的领先地位。

三、精益成本管理体系

精益成本管理以创造客户价值为前提，以降低价值链总成本，获取企业竞争力为目标，结合多种管理工具和方法，形成了相互联系、相互作用的结构体系。精益成本管理体系可以分为3个层次，即战略规划层、价值链执行层以及作业工具层（图2-5）。

首先，战略规划层，将精益成本管理与战略预算相结合，这要求企业从战略的高度进行成本管理，通过消除不必要的成本消耗，在为客户创造相同价值的前提下降低成本、提高利润。企业成本控制的战略目标是增强企业竞争力，获取竞争优势，而企业竞争优势来自两个方面：实现客户价值最大化和企业利润最大化。实现客户价值最大化需要在保证产品质量的同时，满足不断变化的客户需求，以提升客户的满意程度，获得客户黏性。实现企业利润最大化即获取更大的利润空间，可以通过降低成本、消除浪费来实现。

其次，价值链执行层，也可以是方案层。在这一层，采用价值链分析方法，将精益成本管理融入设计、采购、生产、物流和服务等所有价值链环节，通过精益化的管控方式降低价值链相应环节的生产成本、采购成本、物流成本和服务成本。

最后，作业工具层，即为了实现精益成本管理，在价值链各环节中运用的各种管理工具，运用成本企划、全面质量管理、流程再造、信息化系统、实时预警等工具，根据不同企业的生产经营特点和各类成本管控需求，采取多种工具组合，实现对整个价值链生产活动的精益成本管控。

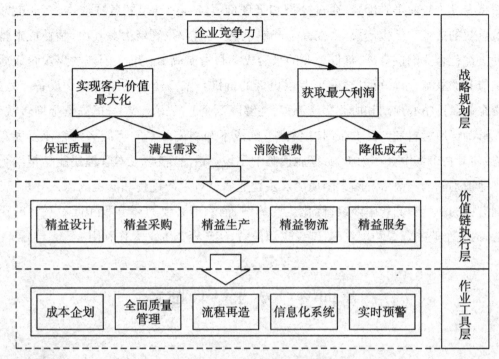

图2-5　企业精益成本管理体系

四、精益成本管理理论的应用

精益成本管理理论应用于各种组织和行业,帮助其优化流程、降低成本、提高效率和质量,从而增强竞争力并最大化价值创造。在制造业中,精益成本管理被广泛应用于生产流程的优化和改进。通过价值流映射和精益生产技术,企业可以识别和消除生产过程中的各种浪费,从而降低生产成本、提高生产效率和产品质量。在服务业中,可以利用价值流映射和流程改进来优化客户服务流程,提高服务效率和客户满意度,从而降低服务成本。在医疗保健领域,精益成本管理可以帮助医院和医疗机构优化医疗流程、降低医疗服务的成本,并提高医疗质量和患者满意度。通过精益方法,可以减少医疗错误、就医等待时间和资源浪费,从而提高医疗资源的利用率。在物流和供应链管理中,企业可以通过精益方法优化物流流程、减少库存和运输成本,提高供应链的响应速度和灵活性,从而降低整体供应链的成本并提高效率。在政府部门和非营利组织管理中,政府部门和非营利组织可以利用精益方法来优化公共服务流程,提高资源利用效率,降低成本,并提升公共服务的质量和可及性。

对于陷入困境的煤炭企业来说,实施精益成本管理具有重要意义。首先,精细成本控制将有助于企业摆脱困境,通过分析和管理价值链各个环节的各项成本,企业能够采取最有效的措施降低生产成本,提高生产效率,提高企业盈利能力。其次,精益成本管理有助于优化企业的供应链,降低企业的采购成本和物流成本。陷入困境的煤炭企业通过与供应商的紧密合作,可以确保企业以更低的价格获取高质量的原材料和设备。另外,煤炭企业通过精心规划和协调物流流程,能够降低企业的物流成本,提高资金周转效率,并能够确保原材料和产品的及时交付。采购成本和物流成本的降低将为企业提供竞争优势,使其在市场中更具竞争力,摆脱面临的困境。最后,精益成本管理还能够帮助企业更好地识别和消除浪费。陷入困境的煤炭企业通过对生产过程和流程的深入分析,可以识别潜在的浪费和低效率因素,优化生产流程,消除不必要的环节和降低不必要的资源消耗,提高企业的资源利用效率,减少资源浪费,实现资源的最大化利用。

第四节　资本结构理论

一、资本结构的含义

资本结构指的是企业内各种资本的价值构成和比例关系,是企业一定时期筹资组合的结果。资本结构有广义和狭义之分,广义的资本结构是指企业全部资本的构成及其比例关系,它包括了股东权益资本、长期和短期资本以及债务资本等,同时也考虑了对这些资本进行细分的内部结构,这意味着广义的资本结构不仅关注公司的股东权益和债务,还考虑了各种长期和短期资本的组成以及比例。而狭义的资本结构是指企业各种长期资本的构成及其比例关系,它主要关注长期资本的构成,即通过债务和股东权益融资所形成的资本结构。

资本结构对于企业的运营和发展至关重要,因为它直接影响着企业的盈利能力、偿债能力、成长潜力以及风险承担能力。资本结构的广义定义涵盖了企业所有资本的构成和比例关系,考虑了企业所有形式的资本融资,反映了企业在融资决策上的多样性和复杂性。此外,广义的资本结构还可以分析企业内部各种资本的内部组成,例如长期债务可能包括银行贷款、公司债券等,股东权益可能包括普通股、优先股等。这种细分有助于更深入地理解企业的资本融资结构。而狭义的资本结构主要关注企业长期资本的构成和比例关系,着重于分析企业通过股权和债权融资所形成的资本比例。这种狭义的定义更加聚焦于企业长期融资结构的特征,提供了一种更为简洁和直观的视角来理解企业的资本结构。

资本结构的构成和比例关系受多种因素的影响。首先是企业的盈利能力和盈利稳定性。盈利能力强的企业可以通过内部积累盈余来支撑发展,降低对外部融资的依赖,从而可能拥有更为稳健的资本结构。其次是行业特性和市场环境。不同行业的企业可能面临不同的融资条件和风险,因此其资本结构也会有所不同。合理的资本结构应该在最大化股东价值的前提下平衡风险和收益,通过适当配置股权和债权融资,企业可以降低融资成本,提高财务灵活性,并最大限度地利用杠杆效应来增强盈利能力。然而,资本结构的优化不是一成不变的,它需要根据企业的特定情况和外部环境的变化进行动态调整和优化。

二、资市结构的内容

资本结构主要包含两个组成部分:所有者权益和负债。这两者共同构成了企业的资本基础,直接影响企业的经营和发展,通过合理配置所有者权益和负债,企业可以实现融资成本和风险的最优平衡,提高企业的价值和竞争力,为可持续发展打下良好基础。

所有者权益代表了企业所有者对企业资产的所有权。它包括普通股股东的权益和留存盈余。普通股股东是企业的实际所有者,他们通过购买股票来分享企业的盈利并参与公司治理。持有股票意味着他们有权分享企业的利润,同时也承担着相应的风险。普通股股东享有投票权,可以参与公司的决策,例如选举董事会成员和审议重大事项。留存盈余是企业在经营活动中所累积的未分配利润。这些利润可以用于再投资,扩大企业规模或者用于向股东支付股息。留存盈余的积累对企业的未来发展具有重要意义,它可以为企业提供稳定的内部资金来源,减少对外部融资的需求,从而降低融资成本。

负债是企业向外借入的资金,需要按照约定的条件偿还本金和支付利息。负债通常分为长期负债和短期负债。长期负债主要包括债券和长期贷款,其期限一般超过一年;短期负债通常是指短期贷款和应付账款等,其期限在一年之内。与所有者权益相比,负债具有明确的偿还义务和利息支付责任,但没有对企业的所有权和决策权。企业通过发行债券或者向银行借款来筹集资金,可以实现资金的快速获取,扩大企业规模,加速业务发展。但是,负债也会增加企业的财务风险,因为必须按时偿还债务和支付利息,否则可能导致资金链断裂和信用风险加大。

三、资本结构理论的应用

资本结构理论在企业融资决策、风险管理、企业价值管理、股东权益管理和财务管理等方面都有着重要的应用。在企业融资决策方面，资本结构理论可以帮助企业确定最佳的融资组合，即债务和股权的比例。企业可以根据不同的财务和经营目标，以及市场条件和成本结构等因素，选择适合自身情况的资本结构，以最大化股东价值并降低融资成本。在风险管理方面，企业可以通过合理配置债务和股权资本，平衡财务杠杆效应和财务风险，降低企业的财务风险水平。债务资本承担着固定利息支付的义务，而股权资本则承担着风险分享的责任，通过优化资本结构，企业可以实现风险的有效管理。在企业价值管理方面，通过优化资本结构，企业可以降低加权平均资本成本（WACC），从而提高企业的价值。企业可以利用不同的资本结构方案来最大化股东价值，并实现企业长期增长和发展的目标。在股东权益管理方面，企业可以通过调整债务和股权的比例，平衡股东权益的保护和增值，最大化股东回报。资本结构的优化可以影响企业的盈利能力和财务稳定性，进而影响股东的利益和投资价值。在财务管理方面，资本结构理论可以帮助企业优化财务结构，提高财务效率和灵活性，企业可以通过调整资本结构来降低融资成本、改善财务稳定性，并提高财务杠杆效应，从而增强财务管理的能力和水平。

合理的资本结构可以降低融资成本，发挥财务杠杆的调节作用，使企业获得更大的自有资金收益率。这意味着对于陷入困境的煤炭企业来说，运用资本结构理论具有重要意义。首先，资本结构理论强调通过优化债务和股权的比例，企业通过运用资本结构理论可以降低资本成本。对于陷入困境的煤炭企业来说，降低资本成本可以减轻财务压力，提高盈利能力和现金流，为企业重建提供支持。其次，企业通过运用资本结构理论有助于管理财务风险。陷入困境的煤炭企业可能面临着财务风险，如无法偿还债务、破产等，资本结构理论通过权衡债务所带来的税盾效应和破产成本，帮助企业确定合适的资本结构，以平衡风险和利益，避免陷入更大的财务困境。再次，企业通过运用资本结构理论可以提升企业价值，合理的资本结构可以最大化企业的价值。对于陷入困境的煤炭企业来说，可以借助资本结构理论重新评估其债务和股权比例，以实现价值最大化的资本结构，这有助于企业重塑投资者信心，吸引新的资金注入，为企业的复苏和增长提供支持。最后，企业通过运用资本结构理论有助于寻求融资机会，资本结构理论提供了企业融资的框架和思考方式。对于陷入困境的煤炭企业来说，恰当地运用资本结构理论可以帮助它们评估不同融资方式的利弊，选择适合自身情况的融资方案进行融资，摆脱目前面临的经营困境和财务困境。

第五节　风险管理理论

一、风险管理的含义

风险管理是企业生产经营过程中对可能面临的各种风险和不确定性进行规划、控制和监督的重要过程,旨在防范损失和降低成本。在过去的几十年中,风险管理从传统管理理论逐渐演变为一个更为综合和全面的概念。最初,风险管理主要关注如何定义风险、识别不利因素并对不利风险进行控制。随着时代的发展和经济环境的变化,人们意识到单纯应对特定风险不足以保障企业的长期发展和稳定经营。因此,风险管理的范围逐渐扩大,成为企业整体运营的重要组成部分。首先,风险管理不再局限于对单一风险的管理,而是着眼于企业面临的各种风险和不确定性。这包括市场风险、财务风险、技术风险、法律风险以及自然灾害等方面的风险。通过综合考虑和分析多种风险因素,企业能够更全面地了解自身面临的风险,并制定相应的应对策略。其次,风险管理逐渐从单一的风险控制转向对企业各个环节的全面控制。这包括对内部环境的评估、目标设定、事项制定、风险评估、识别和控制、信息反馈以及监督等内容。企业需要在整个价值链中建立有效的风险管理机制,确保每个环节都能够及时发现、评估和处理风险,从而保障企业的整体稳健运营。同时,全球化的经济环境也使得企业面临更加复杂和多样化的风险,如国际政治风险、跨国经营风险等。因此,风险管理需要不断地更新和改进,以适应不断变化的外部环境。风险管理已经成为企业管理的核心要素之一,它不仅仅是对特定风险的管理,更是一种全面、系统化的管理理念和方法。只有通过有效的风险管理,企业才能够在不确定的环境中保持竞争优势,实现可持续发展。

二、风险管理的内容

风险管理涵盖了一系列活动,旨在帮助组织在不确定性和变化的环境中实现其目标,并最大限度地降低负面影响的可能性。风险管理包括风险识别、风险评估、风险管理计划、风险管控与控制、风险沟通与报告、风险文档化等方面的内容。风险识别,确定可能影响组织目标实现的各种潜在风险。这可以通过各种方法来实现,包括头脑风暴、SWOT 分析、流程图、专家咨询等。风险评估,评估确定风险的潜在影响和可能性。通常使用定量和定性的方法来衡量风险的概率和影响程度,以便对其进行优先排序。风险管理计划,制订应对风险的计划,包括风险避免、减轻、转移或接受等策略。风险监控与控制,持续监测风险的发展情况,确保风险管理措施的有效性,并根据需要进行调整。这包括定期审查风险情况、更新风险管理计划和应对新风险的出现。风险沟通与报告,与相关利益相关者沟通风险信息,确保他们了解风险对组织的影响以及采取的措施,这包括定期报告风险状况、风险变化和风险管理进展。风险文档化,记录所有与风险相关的信息,包括识别的风险、评估结果、管理计划和实施措施的记录。这有助于组织建立历史数据,并在需要时进行回顾和学习。

随着企业的外部环境越来越复杂,风险无处不在,风险管理意识不足的企业可能会面临许多问题(图2-6)。首先,无法识别潜在风险。缺乏风险管理意识的企业可能无法准确识别和评估潜在的风险,无法预见可能对企业造成负面影响的事件和情况,而这将使企业处于盲目的状态,无法针对潜在的风险做出及时的预防和应对措施。其次,无法有效应对风险事件。当企业遭遇风险事件时,缺乏风险管理意识的企业可能没有明确的风险管理计划和应急预案,使得企业陷入混乱和无效的处置状态,不仅无法最大程度地减少损失和影响,还可能导致问题扩大化或进一步恶化。再次,财务困境和损失加大。风险管理意识淡薄的企业容易忽视财务风险和市场波动,无法及时采取有效的措施进行风险防范和管理,这可能导致企业陷入财务困境,无法偿还债务或满足经营需求,进一步加大损失和经济压力。最后,错失发展机遇。风险管理意识淡薄的企业面对市场机遇时由于没有及时进行市场调研和风险评估,使得企业无法充分把握市场机遇和变化趋势,而这将使企业无法做出灵活的战略调整和决策,错失市场份额和竞争优势。

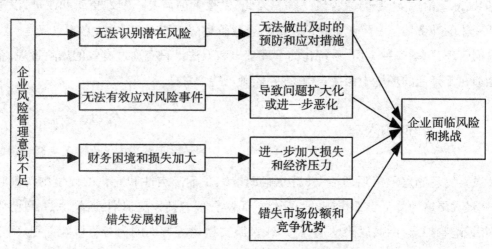

图2-6 风险管理意识不足的企业可能面临的问题

三、风险管理理论的应用

风险管理理论在金融、保险、企业管理、项目管理和供应链管理等各个领域都有着重要的应用,通过科学的风险管理实践,组织可以识别、评估和应对各种风险,降低不确定性,提高业务的稳定性和可持续性。在金融方面,金融机构利用风险管理理论来评估和管理信用风险、市场风险和操作风险,通过建立风险模型和采用风险分析工具,监测和控制风险水平,确保资产的安全性和稳定性。在保险方面,保险公司利用风险管理理论来评估和定价保险产品,并制定适当的再保险策略来分散风险,通过风险模型和场景分析来估计潜在的损失,并制定相应的风险管理策略,以确保公司的盈利能力和稳健性。在企业管理方面,企业利用风险管理理论来识别、评估和应对各种风险,包括战略风险、市场风险、操作风险和法律风险等,通过建立风险管理框架、制定风险政策和流程,以及实施风险控制和监测机制,来降低风险对企业业务和财务状况的影响。在项目管理方面,风险管理理论被用来识别和评估项目中的各种风险,并采取相应的措施来降低风险的影响。项目经理利用风险登记表、风险矩阵和风险分析工具等来管理项目风险,并制定应对策略来应对不确定性和风险事件。在供应链管理方面,风险管理理论被用来识别和评估供应链中的各种风险,包括供应商风险、需求风险、运输风险和市场风险等。企业通过建立风险共享机制、多源供应和备份计划等来降低供应链风险,确保供应链的稳定性和可靠性。

对于陷入困境的煤炭企业,运用风险管理理论具有重要意义。①风险管理理论提供了系统化的方法和工具,帮助企业识别和评估可能面临的各类风险,如市场风险、财务风险、操作风险等。对于陷入困境的煤炭企业来说,全面了解和评估风险可以帮助其更准确地认识困境产生的原因以及潜在的威胁,为采取相应的风险应对措施提供依据。②风险管理理论可以为企业提供多种策略和方法来应对风险。对于陷入困境的煤炭企业而言,风险管理理论可以指导其制定适合自身情况的风险管理策略,如风险规避、风险转移、风险减轻和风险接受等风险管理策略,通过应用合理的风险管理策略,企业可以降低困境带来的不确定性和损失。③风险管理理论强调及时应对和灵活调整。陷入困境的煤炭企业需要根据风险管理理论的指导,建立健全应急响应机制和业务连续性计划,以应对突发风险事件并保障业务的持续运作。有效的应急响应和业务连续性管理可以减少陷入困境所带来的负面影响,为企业渡过难关提供保障。④陷入困境的煤炭企业可以借助风险管理理论,培养风险意识和风险管理能力,构建积极应对风险的组织文化。

第六节 内部控制理论

一、内部控制的含义

内部控制是在一定的环境下,企业为了提高经营效率、充分有效地获得和使用各种资源,达到既定管理目标,而在企业内部实施的各种制约和调节的组织、计划、程序和方法。内部控制主要囊括了管理活动、管理环境、风险评价、信息传播和交流、监督这五大要素,旨在提高企业生产运营绩效,来实现企业可持续发展的战略目标。

根据实施控制对象的不同,可将内部控制分为两个层面:①管理层面。管理层面的内部控制主要聚焦于维护企业日常经营管理和财务状况,其目的在于对企业内部实施有效监管,提高经营管理效率和保障财务安全。②治理层面。治理层面的内部控制主要聚焦于调节股东、董事会、管理层三者之间的利益关系。其目的是减缓因为委托代理而产生的信息不对称等问题,督促管理者履行自身的职责。如今,在企业制度下,企业已经演变为融合了各方利益的有机结合体。因此,亟须在各利益相关者之间建立一套行之有效的内部控制管理体系。内部控制通过责任划分、权力分配和奖惩规则制定等方式,满足了各方利益,使企业始终处于理想状态。同时,内部控制通过对企业最高层实施监管,能进一步预防财务造假和贪污腐败等问题的发生,保障企业财报的真实性和可靠性,以此提高企业盈余质量。

二、内部控制的工作流程

内部控制涉及企业多方面的工作,如建立良好的控制环境、识别和评估风险、实施控制活动、建立有效的信息与沟通系统,这些工作旨在确保企业达到预期的目标,提高经营效率,保护资产,并遵守适用的法律法规和规范。内部控制工作流程(图2-7)包括以下几个方面:①建立和维护一个良好的内部控制环境,包括制定和传达企业的价值观、道德标准和行为准则,促进企业透明度和诚信文化的建立;②识别和评估企业面临的各种风险,包括内部和外部的风险,并确定其对企业目标的影响程度;③制定和实施适当的控制措施来管理和减轻风险,包括内部控制政策、程序和规程的设计与执行;④建立有效的信息与沟通系统,确保及时、准确地获取和传递信息,以便支持决策制定和监督内部控制的有效,主要涉及内部报告、沟通渠道等方面的工作;⑤建立独立的监督机构或委员会对内部控制的实施进行监督和评估,如内部审计、风险管理委员会等,以确保内部控制的有效性和合规性;⑥不断评估和改进内部控制体系,以适应企业的变化和发展。评估和改进内部控制体系包括定期的内部控制自评、风险审查和持续改进计划的制订和执行。

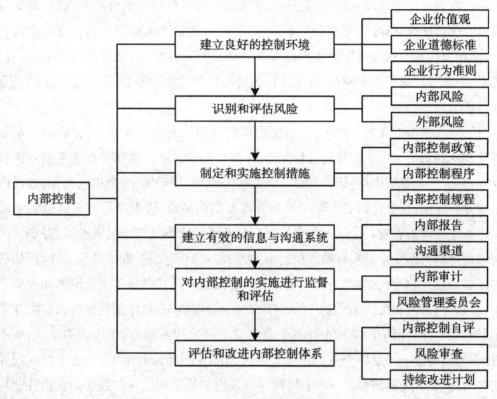

图2-7　内部控制工作流程

三、内部控制理论的应用

内部控制理论在财务会计、风险管理、业务流程优化、信息技术管理、合规与法律遵从以及企业治理等各个方面都有着重要的应用,通过科学的内部控制实践,企业可以提高管理效率,降低风险,增强竞争力,确保持续发展。在财务会计方面,企业利用内部控制机制确保财务报告的准确性、完整性和可靠性。这包括对财务交易的授权、记录和报告程序的规定,以及对内部审计和复核机制的建立。在风险管理方面,企业通过建立内部控制机制,识别、评估和管理各种风险,包括财务风险、市场风险、操作风险和合规风险等。内部控制可以帮助企业降低风险,提高风险管理的效率和有效性。在业务流程优化方面,企业通过评估和改进内部控制机制,企业可以识别和消除流程中的不必要的环节和浪费,优化业务流程,提高生产效率、降低成本并改善产品或服务质量。在信息技术管理方面,内部控制理论被用来确保信息系统的安全性、可靠性和完整性。企业通过建立访问控制、数据备份和恢复、安全审计等内部控制措施,保护信息系统免受外部攻击和内部滥用。在合规与法律遵从方面,企业通过建立合适的内部控制程序和制度,确保业务活动符合法律法规、行业标准和公司政策,避免潜在的法律风险和处罚。在企业治理方面,内部控制理论被视为确保企业治理有效性的重要手段之一,通过建立健全的内部控制机制,企业可以保护股东利益,提高公司的透明度和管理效率,从而增强企业的治理水平和市场信誉。

对于陷入困境的煤炭企业来说,运用内部控制理论具有重要意义:①内部控制理论可以帮助企业识别和评估面临的各种风险,并提供相应的管理措施。在企业陷入困境的情况下,企业面临着更多的风险和挑战,例如财务困境、市场风险、合规风险等,通过内部控制理论的应用,企业可以更好地了解和管理面临的风险,进而采取相应的措施来减轻风险对企业经营的影响。②陷入困境的煤炭企业可能面临资产损失或滥用的风险,内部控制理论可以帮助企业制定有效的控制措施,如制定财务控制、资产管理、风险评估等方面的控制措施,减少潜在的损失和滥用。③内部控制理论可以帮助企业识别和改善业务流程问题。内部控制理论关注企业的业务流程和运作效率,帮助企业发现和解决存在的问题和瓶颈。陷入困境的煤炭企业可能存在着业务流程不畅、内部协调不足、信息不对称等问题,这将进一步加剧企业的困境。通过内部控制理论的运用,企业可以识别并解决这些问题,提升业务流程的效率和协同性。④内部控制理论可以帮助企业提升合规性和透明度。陷入困境的煤炭企业通常面临合规性和透明度的挑战,内部控制理论可以帮助企业建立合规性框架和流程,确保企业的行为符合法律法规和道德准则。同时,内部控制理论也注重信息披露和透明度,有助于提高陷入困境的煤炭企业的信息披露质量,增强投资者和利益相关方对企业的信任和支持。

第三章

平煤股份一矿经营困境回溯

平煤股份一矿的脱困增盈实践,历经经营困境形成、实施措施、脱困增盈等过程。基于对脱困增盈实践的研究背景、研究价值和相关理论的阐述,本章将回溯一矿的发展历程和经营困境的形成经过,并从内外部角度全面识别一矿陷入经营困境的因素,为后期的脱困增盈实施措施以及管理模式奠定基础。

第一节　平煤股份一矿发展历程

一、平煤股份发展概况

平煤股份是由原平煤股份作为主发起人,联合河南省平顶山市中原(集团)有限公司、河南省平禹铁路有限责任公司、河南省朝川矿务局(现已更名为"平顶山天安煤业股份有限公司朝川矿")、平顶山制革厂、煤炭工业部选煤设计研究院(现已更名为"煤炭工业平顶山选煤设计研究院有限公司")共同发起设立的股份有限公司。公司于1998年3月17日在河南省工商行政管理局注册成立,注册地址为河南省平顶山市矿工中路21号,于2006年11月23日在上海证券交易所上市,股票代码是601666。公司自成立以来,奉行用户至上的经营宗旨,坚持质量为本、信誉第一,遵循互惠互利、共同发展的经营原则,生产经营稳健,安全状况良好,得到了社会各界的广泛认同,目前,上证380、中证500、MSCI指数样本股。截至2022年12月31日,公司总股本为2 315 215 955股,控股股东为中国平煤神马控股集团(以下简称集团),实际控制人为河南省国资委。

公司主营业务为煤炭开采、煤炭洗选加工和销售三部分。下属生产单位包括14个生产矿井和 4 个精煤选煤厂。公司位于国家大型煤炭基地——平顶山矿区，资源量近 30 亿吨，是中南地区最大的炼焦煤生产基地。煤种以主焦煤、1/3 焦煤、肥煤为主，属低灰、低磷、低硫、中高挥发分、高发热量煤类。其中，主焦煤和肥煤为稀缺煤类，公司主焦煤品质和产能全国第一。2022 年公司生产原煤 3030 万吨，精煤 1187 万吨，实现营业收入 360.44 亿元，利润总额 83.02 亿元，归属于上市公司股东的净利润 57.25 亿元（同比增长 95.90%）。

二、平煤股份一矿发展概况

一矿是平煤股份的下属生产矿井，于 1957 年兴建，在 1959 年建成投产，是新中国成立后我国自行设计兴建的第一座大型煤矿。2021 年，一矿核定年生产能力 320 万吨，主要生产 1/3 焦煤和煤炭产品，广泛应用于电力、钢材、冶金等行业。本节将介绍一矿的发展历程。

基于一矿的生产经营状况和市场供需状况，将一矿的发展历程分为 6 个阶段，分别是产能增长期、市场供需不平衡期、快速发展期、发展平稳期、陷入困境期、脱困增盈期。

1. 1959—1996 年：产能增长期

1959 年，一矿建成投产。1971 年，一矿产煤 161 万吨，第一次超出了计划的生产能力。1974 年，一矿对矿井进行一期改扩建，使矿井年生产能力增加了 90 万吨，由原来的 150 万吨/年提高到 240 万吨/年。1984 年，一矿进行了二期扩建，整个工程于 1989 年全部建成投产，矿井年设计生产能力达到 400 万吨，并正式通过了国家验收委员会的验收。1993 年首次突破 400 万吨，1996 年生产原煤 425.26 万吨。这些数据表明在 1959—1996 年，一矿通过不断地改扩建和技术提升，实现了产能的快速增长。

2. 1997—1999 年：市场供需不平衡期

1997 年，亚洲金融危机席卷全球，受亚洲金融危机的冲击，国内对各种产品的需求减弱，煤炭产品也不例外。由于全国煤炭市场需求量减少，供给量过剩，使得煤炭市场供需失衡，价格下跌。全国煤炭市场的供需失衡也给一矿的生产和销售带来了负面影响，一矿的盈利能力和销售收入直线下降。1999 年末，随着金融危机的影响减弱，煤炭市场供需开始恢复正常。

3. 2000—2010 年：快速发展期

2000 年，金融危机的冲击逐渐减弱，煤炭市场逐渐复苏和好转，一矿提出以企业发展为第一要务，加快企业发展的步伐。2006 年，一矿提出了新的发展战略，即"稳主业、兴非煤,二次创业求发展",集团首次创造出发热量每千克 5000 大卡的"平优Ⅰ号"优质品牌动力煤,之后该产品正式进入煤炭市场。2009 年,一矿通过论证并开启了三水平下延及产能 500 万吨技术改造,建成一水平主斜井工程,同时安全生产集控指挥中心总装机的容量由 400 门扩容升级到了 1024 门,创出了河南省首家 500 万吨级矿井,进一步奠定了一矿作为大型矿井的雄厚实力。2010 年,一矿通过引进先进的矿井设备和技术,提高了煤炭开采的效率和质量,这使得一矿能够满足不断增长的市场需求。总的来说,2000—2010 年,一矿在煤炭市场逐渐复苏的背景下,通过制定新的发展战略、技术改造和设备引进等一系列举措,不断提升自身的发展水平,企业进入快速发展期。

4. 2011—2016 年:发展平稳期

2011—2016 年,全球经济环境复杂多变,如世界工业生产低速增长、贸易持续低迷、金融市场动荡加剧等,这使得煤炭市场下行压力加大。一矿的广大干部职工面对严峻的市场考验迎难而上,全力巩固现有产能,优化采区设计,调整生产布局,并推广应用新技术、新工艺、新设备,投入使用 4 个电液控自动化综采工作面,矿井采掘机械化水平不断提高。另外,一矿大力开展薄煤层综采、保护层开采等技术攻关,解决复杂地质条件下的开采难题。6 年间,累计生产原煤近 2500 万吨,开掘进尺 16.1 万米,生产经营等各项工作平稳有序推进。

5. 2017—2020 年:陷入困境期

2017—2020 年,受国内经济增速下滑、火电和基建投资减少、焦化和钢铁行业产能严重过剩、新能源替代品和环保压力等因素的影响,整个煤炭行业迅速进入快速下滑阶段。作为大型煤矿的一矿也不例外,2017 年,一矿的营业净利率和总资产净利润率分别为 -23.56%、-189.26%。2018 年,一矿的经营状况仍不乐观,营业净利率和总资产净利润率仍为负值,分别为 -4.11%、-10.61%。2019—2020 年,一矿的经营状况仍未得到改善,营业净利率和总资产净利润率分别达到 -18.53% 和 -8.76%、-22.14% 和 -3.45%,各项经营指标持续性负增长意味着一矿陷入了困境期。

6. 2021—至今:脱困增盈期

2021 年以来,面对改革脱困的巨大压力,一矿坚持"三个导向",突出以质量效益中心,结合实际制定推进《平煤股份一矿改革脱困工作方案》和《平煤股份一矿 2021 年对标提升工作方案》,稳步实施内部市场化运作,试点单位综合工作量与工资同步增长,多措并举助力企业脱困。2021 年,一矿的营业净利率和资产收益率分别是 6.71%、3.34%,各项经营指标正增长意味着一矿步入脱困增盈期。

第二节　平煤股份一矿经营困境的形成

2017—2020 年,一矿陷入了经营困境,本节结合总资产增长率、营业收入增长率、资产报酬率、营业净利率、总资产收益率等相关经营指标对一矿的经营困境进行分析,以找出一矿经营困境形成的原因。

一、平煤股份一矿经营困境的形成经过

2017—2020 年,我国煤炭行业面临着多重挑战,包括国内经济增速放缓、火电和基建领域投资减少、焦化和钢铁行业产能过剩严重、新能源替代压力增大以及环保要求不断提升等因素的影响。在这些因素共同作用下,整个煤炭行业迅速进入快速下滑阶段。作为大型煤矿的一矿也不例外,2017 年,一矿的营业净利率为−23.56%,营业净利率指的是净利润与营业收入的比率,它反映企业营业收入创造净利润的能力。营业净利率为负意味着企业的净利润为负,企业出现亏损,而这种亏损情况一直持续到 2020 年,2018—2020 年的营业净利率为分别为−4.11%、−18.53%、−8.76%,企业陷入经营困境。

二、平煤股份一矿经营困境的财务分析

针对一矿面临的经营困境,基于 2017—2020 年的总资产增长率、营业收入增长率、资产报酬率、营业净利率、总资产收益率等相关经营指标,对其变化进行分析。

1. 总资产增长率、营业收入增长率

一矿在 2017—2020 年的总资产增长率和营业收入增长率呈现出不同的趋势(图 3-1)。结果显示,总资产增长率呈现正增长,而营业收入增长率呈现负增长。营业收入增长率的负增长表明企业的销售收入下降,原因有以下几点:①市场需求下降。由于钢材需求下降、新能源技术替代等因素的影响,煤炭产品需求减少。②成本上升。一矿劳动力成本高、器械维修费用居高不下、企业经营费用高等问题的存在对营业收入产生了不利影响。③国家政策变化。国家对煤炭行业智能化转型的高度要求、煤炭行业"去产能"政策的实施对企业的经营产生短期性的不利影响。这些原因使得企业煤炭销售收入下降,营业收入出现负增长。总资产增长率的正增长意味着一矿持续性资产投资。正增长的原因有以下几点:①持续投资和资本支出。一矿进行持续性的投资和资本

支出,包括购置新设备、扩建生产设施、开发新项目等,增加了企业的资产规模,推动了总资产的增长,这可能带来现金流压力、债务风险上升以及投资回报周期延长的问题,从而影响企业的财务稳定性;②整合内部资产,一矿在经营过程中也在对内部资产进行整合,这种整合虽然数据上表现为总资产的增长,但可能面临着资源配置不均、管理复杂性增加以及整合过程中可能出现的人员流动和文化冲突等挑战,这些因素都可能削弱企业的整体运营效率和盈利能力。

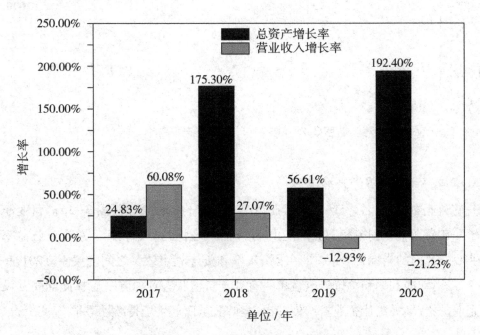

图3-1　2017—2020年总资产增长率、营业收入增长率

2.资产报酬率

一矿在2017—2020年期间的资产报酬率由-114.07%上升到6.78%,在2018年达到最高值24.74%,但从2019年后开始呈现下降趋势,虽然增长值为正,但增长率偏低(图3-2)。资产报酬率用以评价企业运用全部资产的总体获利能力,是评价企业资产运营效益的重要指标。资产报酬率偏低意味着一矿未能通过运用全部资产来创造利润。一矿资产报酬率数值偏低的原因有以下几点:①固定成本较高。一矿存在较高的固定成本,例如经营管理费用、人工成本、设备折旧等。根据图3-1可知,2018—2020年期间,一矿的营业收入下降,使得销售额无法覆盖一矿的固定成本,导致资产报酬率在2018年出现短暂上升后又在2019年降低为5.12%;②产量较低。2018—2020年,一矿的原煤产量出现了下滑,由400万吨下滑到320万吨,累计下滑幅度达到了20%,产量下降,营业收入也跟着持续性下降,无法产生足够的收入来覆盖资产投入。

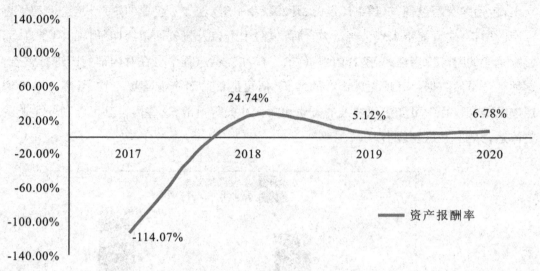

图 3-2　2017—2020 年资产报酬率

3. 营业净利率、总资产收益率

一矿营业净利率和总资产收益率在 2017—2020 年均为负值（图 3-3）。营业净利率反映了一矿营业收入创造净利润的能力，是一个综合性的财务指标。总资产收益率是衡量企业收益能力的指标，体现了资产运用效率和资金利用效果之间的关系。2017—2020年，一矿的营业净利率和总资产收益率一直处于负值状态意味着一矿在此期间并没有利用好企业的资产，无法让企业资产创造出净利润，从而产生了持续性亏损。

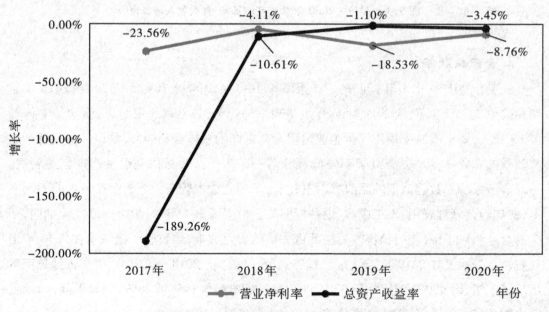

图 3-3　2017—2020 年营业净利率、总资产收益率

第三节　平煤股份一矿经营困境形成的外部因素

对企业来说,外部环境是其经营和发展的重要依据,它对煤炭行业的发展趋势、市场前景以及企业的竞争力都有直接的影响,与企业的发展和长远的生存能力也有很大的关联。2017—2020 年,由于外部环境发生变化,一矿逐步陷入了经营困境。

一、煤炭行业供需不平衡

2017—2020 年,煤炭行业面临着供需不平衡的挑战。在供给方面,尽管政府采取了一系列措施限制煤炭产能,但煤炭产能过剩问题仍然存在,特别是在国内市场。这一现象部分源于历史遗留问题,同时也受到一些地方政府在执行限产政策方面不作为的影响。随着过剩产能的存在,煤炭行业的竞争激烈,导致了价格下跌和企业利润的持续下滑,进一步加剧了行业的困境。而在需求方面,环保政策的不断推进成为主要因素之一。随着国家对环保要求的提升,包括限制火电厂的煤炭使用、鼓励清洁能源替代等措施的实施,煤炭的需求逐渐减少。此外,国家对钢材产能的管控也对煤炭需求造成了影响,因为钢铁行业是煤炭的主要消费领域之一。另外,煤炭进口量的增加也在一定程度上挤压了国内煤炭市场的需求。煤炭供给和需求之间呈现出严重的不平衡状态(图 3-4)。2017—2020 年,煤炭平衡差额由负转正,并且呈上升趋势。煤炭平衡差额是指煤炭供需之间的差距。煤炭平衡差额为负数,表示供应不足;煤炭平衡差额为正数,表示供应过剩。2019 年,煤炭平衡差额转负为正,数值是 1.2 亿吨,2020 年这一数值增长到 1.5 亿吨,这表明煤炭行业供需不平衡,产能过剩问题加剧。

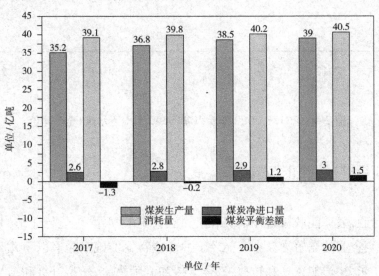

图 3-4　2017—2020 年全国煤炭消耗情况

二、煤炭价格下跌

影响动力煤价格的因素可以概括为 9 个方面:煤炭产能、运输成本、消费状况、国家政策、上下游产品供求、国际市场煤价、其他能源价格、煤炭库存、煤炭进出口。不过,对于动力煤而言,其价格主要受下游产品的影响,主要耗煤行业特别是电力、建材和化工等行业的生产和需求状况是影响煤炭市场的最重要因素,决定了煤炭价格的走势。

在煤炭价格方面,2017—2020 年动力煤(5500 大卡下水煤)的全年均价呈下降趋势(图 3-5)。2018 年国内煤炭供需缺口进一步加大,且全球供需形势紧张,煤炭价格在 2017 年的基础上降低 9.5 元/吨;2019 年煤炭产业下行压力较大,难以改变煤炭价格缓慢下行的趋势,煤炭价格下行 3.5 元/吨;2020 年,受疫情影响下游企业复工复产缓慢,外贸订单减少,加之进口煤大量倾销,导致国内煤炭需求下降,煤价出现恐慌性下跌,同比下降 12 元/吨,煤炭产品价格的持续性下跌给一矿的生产经营带来了巨大困难。

图 3-5 2017—2020 年动力煤(5500 大卡下水煤)全年均价

三、煤炭行业"去产能"政策的实施

在煤炭行业,去产能政策旨在解决煤炭产能过剩的问题,优化行业结构,改善环境质量,并提高煤炭企业的竞争力。去产能政策的一些常见实施措施有以下几种:关停煤矿、压减煤炭生产能力、产能置换和转移、资金支持和激励措施、转型升级和结构调整。以下整理了历年两会中关于煤炭行业出台的一些重要政策(表 3-1)。

表3-1　历年两会中关于煤炭行业出台的"去产能"政策

年份	政策
2017 年	《国家发展改革委员会关于进一步加快建设煤矿产能置换工作的通知》《煤炭深加工产业示范"十三五"规划》《关于印发 2017 年能源工作指导意见的通知》
2018 年	《关于做好 2018 年重点领域化解过剩产能工作的通知》《两部门关于钢铁煤炭行业化解过剩产能国有资产处置损失有关财务处理问题的通知》
2019 年	《30 万吨/年以下煤矿分类处置工作方案》《关于下达 2019 年煤电行业淘汰落后产能目标任务的通知》《关于做好 2019 年重点领域化解过剩产能工作的通知》
2020 年	《新时代的中国能源发展》《2020 年煤炭化解过剩产能工作要点》《2020 年煤炭化解过剩产能工作要点》
2020 年	《第十四个五年规划和 2035 年远景目标纲要》《2030 年前碳达峰行动方案的通知》《完善能源消费强度和总量双控制度方案》《关于完整准确全面贯彻新发展理念做好碳达峰碳中和工作的意见》

从长期来看,去产能政策的实施能够推动煤炭企业进行结构调整和转型升级;从短期来看,却限制了煤炭企业的发展。对一矿来说,去产能政策的短期影响主要表现在以下几个方面。

(1)经济收入下降:去产能政策导致煤炭企业减少产能,企业的销售收入下降,这对一矿的盈利能力和财务状况产生负面影响,营业净利率和总资产收益率下降。

(2)技术升级需求:去产能政策要求煤炭企业进行技术升级和改造,提高生产效率和环保水平。一矿进行资金投入,提高技术水平,以适应新的政策要求,投入更多的技术成本。

(3)产能锐减:产能锐减导致企业在市场上的份额减少,由于产能减少,一矿无法满足市场需求,导致竞争对手有机会填补这一空缺并增加自己的市场份额,从而对企业的财务状况产生负面影响。

四、节能减排的外在压力

空气污染是一个严重的环境问题,对人类健康和生态系统均产生负面影响。煤炭的生产过程会对空气产生污染,如扬尘、用电量等,政府部门要求煤炭企业承担社会责任,降低污染物的排放,这给企业的节能减排工作带来了极大的压力,主要包括以下几个方面。

1. 排放标准和限制

在面对日益增长的环境保护需求和公众对空气质量要求提高的背景下,政府采取了更为严格的措施来限制煤矿企业的污染物排放，来确保煤矿开采过程中产生的废气、废水等污染物得到有效控制。煤炭企业不得不投资新的治理技术，购置先进的污染治理设备，以实现生产过程的环保转型。这不仅意味着企业必须承担更多的成本，比如购买更新的清洁能源设备，还可能涉及技术人员的培训和管理流程的优化，以达到政府制定的排放标准和限制，这增加了企业的成本压力。

2. 能源效率要求

为了缓解日益严峻的环境污染问题，并致力于降低对化石能源的依赖，政府积极推动煤炭企业采取一系列行动以提升其能源利用效率，具体措施包括但不限于引进或升级更为高效的采矿设备、改进井下作业流程等，而这些举措不仅需要巨大的资金支持，而且还需要企业管理层对技术改造和新技术应用持有坚定信念，愿意承受可能出现的短期成本增加。

3. 环境监管和罚款

政府加强对煤矿企业的环境监管，对违规排放和不达标企业进行处罚，这种政策上的强化不仅提高了煤矿企业对环保法规的遵守程度，也迫使他们不得不采纳更多先进的节能减排技术和方法。为了减少煤炭开采过程中造成的空气污染，这些企业开始增加在科技研发上的资金投入，比如投资新型节能设备、开发使用清洁能源和新型材料来替代传统的煤炭生产工艺，这些措施增加了企业的资金投入。

第四节　平煤股份一矿经营困境形成的内部因素

一矿盈利水平下降是外部环境变化和企业自身日常经营管理共同影响的结果。通过走访和深度访谈发现，导致一矿陷入经营困境的主要内因包括成本居高不下、人员结构失衡、产品结构单一、科技创新不足、员工工作积极性不高。

一、成本居高不下

成本居高不下是国有大型煤炭企业的通病，一矿也不例外，导致一矿成本居高不下的原因主要有以下几方面。

1. 劳动力成本高

一矿 2018 年在册职工人数 9875 人、累计人均工资 65 314 元，工资总额为 6.45 亿

元;2019 年在册职工人数 9465 人、累计人均工资 66 840 元,工资总额为 6.33 亿元;2020
年在册职工人数 8924 人、累计人均工资 57 255 元,工资总额为 5.11 亿元(图 3-6)。从
这些数据可以看出虽然一矿的工资总额在持续性下降,但是工资基数却是比较大的,这
意味着一矿的人力成本较高。

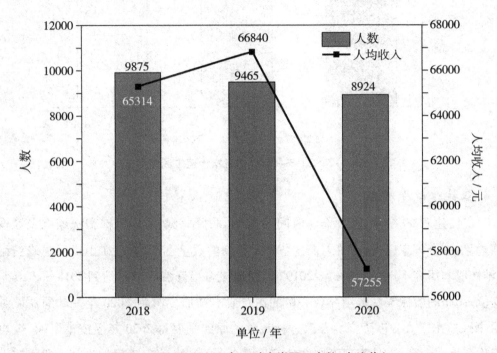

图 3-6　2018—2020 年一矿在岗职工人数、人均收入

2. 瓦斯治理工程资金高

2020 年的瓦斯治理工程费用最高,相较于 2018 年增加了 964.42 万元(图 3-7)。一
矿作为煤与瓦斯突出矿井,除了进行二水平大巷煤柱复采外,其他采区均为煤与瓦斯突
出采区。由于资源的限制以及瓦斯治理技术路线调整规划,一矿 2018—2020 年使用高
精密度的检测设备、瓦斯抽采装置、排放控制设备等专业设备进行瓦斯治理,这些设备通
常具有高昂的价格,对于资金的需求较高。另外,瓦斯治理工程通常涉及大面积的矿井
或煤矿区域,需要进行全面的瓦斯抽采、排放控制和监测工作,涉及多个工作区域和设备
的布置,因此,需要投入大量的资金来满足瓦斯治理项目的需求。

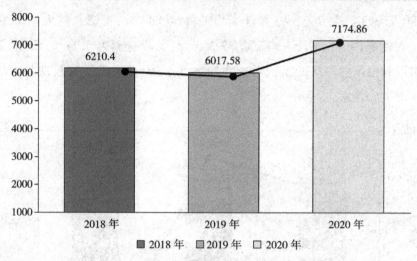

图 3-7   2018—2020 年瓦斯治理工程费用

3. 器械维修费用高

一矿已建矿 60 余年，随着作业时间的延长，采掘机械、采煤机械和洗煤机械等设备逐渐老化，综合厂车床、钻床等老旧设备需要维修的数量逐渐增多，矿山机械维修费用上涨，维修成本居高不下（图 3-8）。2019 年，机电设备维修费（外修）达到 2018—2020 年的最高值，高昂的器械维修费用导致一矿的运营成本增加。然而，2020 年一矿的器械维修费用（外修）出现大幅度降低。导致这种现象的原因主要是 2020 年受疫情影响，煤炭行业面临了生产中断、人员流动限制和物流问题等，一矿的生产经营活动也受到了较大影响，大多数器械处于停止运行状态，无须投入太多资金对未运行的器械进行维修。

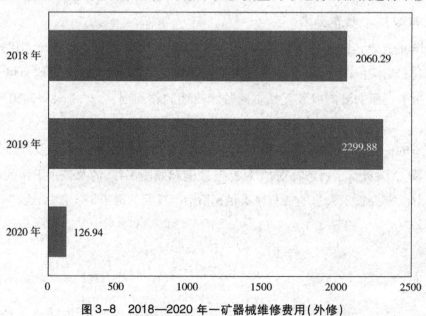

图 3-8   2018—2020 年一矿器械维修费用（外修）

二、人员结构失衡

一矿矿井员工人数基数大,员工总体结构处于失衡状态,结构失衡主要体现在以下几方面。

1. 年龄结构失衡

2020 年,一矿员工的年龄在 41～50 岁和 50 岁以上占据企业总员工人数的 73.92% 以上,特别是 50 岁以上的员工占比达到 39.46%,而 30 岁以下的员工仅仅占据企业总员工人数的 1.77%(图 3-9)。这意味着一矿中高龄员工所占比例较高,而年轻职工的比例相对较少,年龄结构处于失衡状态。

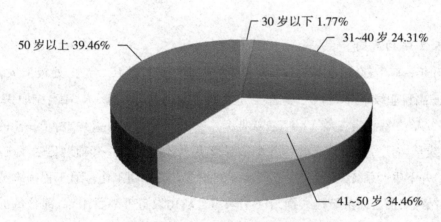

图 3-9　2020 年一矿在岗员工年龄分布情况

2. 学历结构失衡

2020 年,一矿在职员工中高中及以下学历人数占据总人数的 67.12%,而专科及以上学历仅占据总人数的 32.88%,这意味着一矿的员工学历普遍偏低(图 3-10)。由于煤炭行业的特殊性质,综采区、开掘区、皮带区等岗位过去更注重员工的实际操作技能和工作经验,因此对学历要求较低。但是,随着科技的不断进步和发展,新技术和新领域不断涌现,这些岗位对高学历的工作人员需求将逐渐增长,需要招聘更多的高层次员工满足一矿智能化发展的需求。

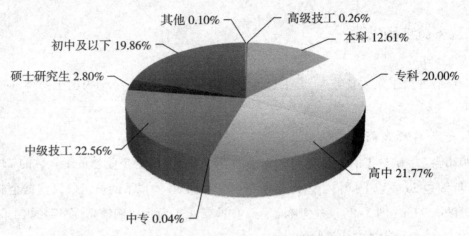

图 3-10 2020 年一矿在岗员工学历分布情况

3. 人员结构失衡

2020 年一矿干部队伍共有 727 人，其中正副处级干部 16 人（正处级 2 人，副处级 14 人）；正副科职级干部 711 人（副总工程师 16 人，正科正职 211 人，副科副职 323 人，正科副职 25 人，二级业务主管 19 人，三级业务主管 117 人）（表 3-2）。由于一矿的矿井生产点多、线长、面广，包括 3 个水平、5 个采区、2 套主运输系统、4 套辅助运输系统和 15 个变电所。井下生产系统复杂，需要不同类型的技术人员协同工作。而工程师人员比例太低，人员结构失衡。人员结构失衡给一矿采用自动化设备带来了困难，部分员工需要一段时间的系统性学习才能熟练使用自动化设备，导致自动化、智能化、机械化改造后效果没有达到预期，劳动工效偏低。

表 3-2 2020 年一矿干部队伍状况

在册职级类别	人数	在册职级类别	人数
正处级	2	正科副职	25
副处级	14	副科副职	323
副总工程师	16	二级业务主管	19
正科正职	211	三级业务主管	117
合计	727		

4. 工作配备失衡

一矿进行了 3 次组织机构和干部职数配备标准的修订，但由于一矿建矿早、基数大、历史包袱重等原因,在实际工作中,管理层级较多,组织机构相对庞大,过多的机构设置也给人员配备、设施配备、日常费用等方面带来了压力。另外,一矿部分单位的职能设置存在交叉叠合的情况。如采煤区和矿山设计单位,在一矿中,采煤区负责煤炭开采的具体工作,矿山设计单位负责制定矿山开采方案和设计矿井结构,两者之间的职能设置存在交叉叠合,导致重复工作或冲突。这意味着一矿的工作配备处于失衡状态。

三、产品结构单一

在 2021 年以前,一矿的产品结构单一,主营业务收入不足,主要体现在以下几个方面。

1. 产品附加值低

一矿的主营业务是动力煤,主营业务单一,这势必会影响企业的发展。一方面,一矿作为一家单一动力煤矿井,动力煤售价一直处于低位,收入与成本倒挂严重,动力煤的售价低导致收入无法覆盖生产成本,陷入经营困境。另外,深部煤质灰分较大、发热量较低,动力煤的规模效益和质量效益逐年下滑,进一步加剧了经营困难。另一方面,一矿在过去更注重产品总量而忽视了资源的深层价值和产品的价值链。一矿将丁戊组煤转换为动力煤进行销售,但没有关注产品附加值的提升和价值链的开发。低附加值的煤炭产品意味着企业利润上升空间有限,难以在竞争激烈的市场中获得更好的定价能力和市场份额。同时,低附加值产品往往依赖于传统生产工艺和成熟技术,缺乏创新和升级的动力,一矿难以实施技术创新和引入新的生产方式,限制了企业的技术进步和竞争力提升。

2. 产品技术含量低

我国煤炭行业在智能化生产、智能化建设方面实现了跨越式发展,尤其是综采智能化无人开采技术已广泛适用于大采高、中厚煤层、薄煤层及放顶煤工作面,截至 2019 年全国已建成将近 200 个智能化采煤工作面。根据国家煤矿安监局发布的数据,2019 年全国很多矿井的主要生产系统都实现了地面远程集中控制,井下无人值守的机电岗位是 2016 年的 2.4 倍。而一矿由于装备智能化水平的限制,导致生产过程中的操作和工艺控制不够精细和自动化,这会影响到丁戊组煤的分选和转换过程,使得转换效率低下,产量和质量不稳定。同时,由于装备智能化水平的限制,丁戊组煤转换为动力煤的过程中,会出现转化率低、煤质指标不符合动力煤标准等问题,影响到一矿煤炭产品的市场竞争力和应用领域,最终影响企业的盈利水平。

3. 产品产量下降

一矿在近几年的经营困难和基础建设滞后的影响下,生产布局无法满足满负荷运转的需求。同时,受瓦斯治理和掘进装备水平限制,掘进圈面的周期延长,采掘接替出现紧张情况,导致产量逐年下降。2018—2020 年,一矿的原煤产量呈下降趋势,共下降 80 万吨,下降幅度达到了 20%(图 3-11)。然而,2018—2020 年全国煤炭产量呈上升趋势,产量分别是 36.8 亿吨、38.6 亿吨、39.0 亿吨,增长率分别是 4.55%、4.89%、1.04%。2018—2020 年一矿的原煤产量趋势与全国原煤产量整体增长趋势不相符,反映出一矿可能面临产能限制。例如,矿井资源逐渐枯竭或矿井设备老化导致生产效率下降,导致营业收入下降。

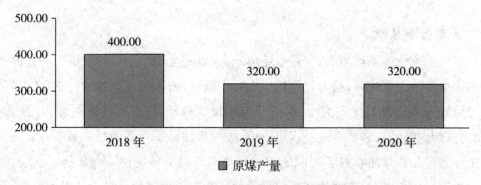

图 3-11　2018—2020 年一矿的原煤产量

四、科技创新不足

在企业发展的进程当中,一矿在自主创新方面存在一些不足,主要包括以下几个方面。

1. 科研资金投入下降

一矿在 2017—2020 年的立项项目资金投入总体呈下降趋势(图 3-12)。与 2017 年相比,2020 年立项项目资金投入减少 2304.9 万元,变化幅度是 -33.16%。其中,2018 年一矿的项目投入降幅较大,降幅超过 47%。尽管 2019 年和 2020 年的立项项目资金投入呈增长趋势,但增幅相对较小,仍然远低于 2017 年的投入水平。由于科研经费的限制,很多基层的科研项目未获审批,致使技术无法开发和应用,不仅影响了科研人员的创新积极性,还影响了科研成果在矿井的转化和应用。

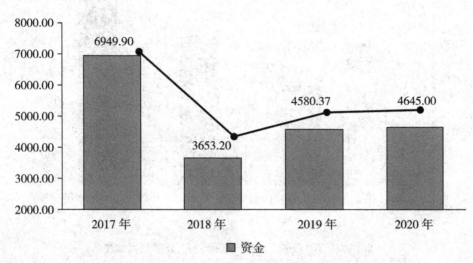

图 3-12　2017—2020 年一矿立项项目资金投入

2. 科研成果转化率低

2017—2020 年,一矿的专利获得数量呈现增长趋势,专利获得数量分别同比增长为 600%、50%、23.81%(图 3-13)。然而,2017—2020 年,一矿的立项项目数量呈现先增长后下降的趋势,立项项目数量同比变化 -5.56%、17.65%、-50%。2020 年,一矿的专利获得数量达到 2017—2020 年的最大值,而 2020 年一矿的立项项目数量是 2017—2020 年的最低值,专利获得数量与立项项目数量的变化不完全对应。导致这种现象的原因主要是以下 3 个方面:①部分专利成果转化性不强,这些科研成果虽然在理论上有一定价值,但缺乏转化应用的价值。②资金限制。2017—2020 年是一矿的经营困境期,总资产净利润率分别是 -189.26%、-10.61%、-22.14%、-3.45%,科研投入影响了科研立项攻关。③技术可行性。2017—2020 年,一矿存在年轻员工和高学历的工作人员短缺的问题。其中一些项目由于技术上的困难和缺乏技术储备,被一矿认定为技术上的限制而未被批准,因而无法立项。

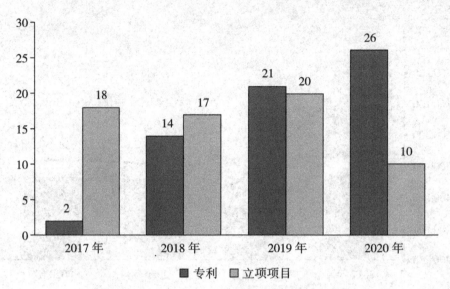

图 3-13　2017—2020 年一矿的专利、立项项目数量

五、员工工作积极性不高

从一矿长期性发展的角度来看，一矿员工工作的积极性不高，很多工作处于滞后状态，导致员工工作积极性不高的原因主要包括以下几点。

1. 绩效考核不合理

一矿在 2019 年初制定了《平煤股份一矿党委"两个高质量"综合考核评价办法（试行）》，全矿在职中层干部、一至三级专技岗位人才进行经营绩效和党建考核，各为 100分，经营绩效考评由一矿专业主管部门实施分级考核，党建考核实行"党建考评指导工作组＋党建职能部门＋民主测评"的办法进行综合考核。考评领导小组办公室根据单位领导班子及干部人才考核得分及有关方面建议，进行等次评定：①单位领导班子考核可评为"好"（得分≥90分），"较好"（得分 80～90 分，含 80 分），"一般"（得分 70～80 分，含 70分），"差"（得分<70 分）。②中层干部、一至三级专技岗位人才考核结果分为"优秀"（得分≥90分），"称职"（得分 80～90 分，含 80 分），"基本称职"（70～80 分，含 70 分），"不称职"（得分<70 分）。

一矿"两个高质量"双百分考核评价机制对干部绩效考核的对象、内容、范围、方式、量化标准、结果运用做出了规定。但从具体考核工作的实际情况来看：①干部绩效月度考核不够科学，以基层区队单位考核替代正职干部个人绩效考核，副职绩效考核由所在单位负责,容易出现打人情分的现象。②个别考核科室对干部个人日常考核内容以本部门奖惩考核办法为主,奖惩方式以罚款为主,难以有效体现在绩效考核中。③日常考核侧重井下单位和容易量化的工作,对地面服务单位、职能部门和难以量化的工作考核力度不大。④考核结果运用不及时。这些问题导致干部绩效考核难以客观准确反映干部综合素质和履职情况,考核结果容易失真,对干部的影响力、约束力不明显,绩效考核出现不合理现象。另外,这种不合理的绩效考核机制导致工作条件较好的员工工作时不需要付出太多努力,就能获得较高的收入。而工作条件较差的员工,即使工作非常努力,也只能获得较低的报酬。这样的情况下,前一类员工会变得不够认真,而后一类员工则认为任务难以完成,从而表现出消极怠工的态度。

2. 基层人员工资占比低

2020年,一矿出台了《平煤股份一矿结构工资实施办法》,明确了各工资结构在应分配工资总额中的比例,即安全工资占40%、质量工资占30%、效益工资占20%、企业文化及职工培训工资占10%,简称为"4321"结构工资制。根据各单位岗位定员人数,按照地面岗位、井下辅助岗位、采掘岗位的1.0:2.0:4.0的工资分配系数,核定了战线(单位)的年度工资总额。当月应分配工资总额先行确定后,再按照"4321"的比例结构,将应分配工资总额分为安全工资、质量工资(工程质量、工作服务质量)、效益工资、企业文化及职工培训工资,并根据各工资单元所涵盖的内容和考核结果兑现结构工资。

然而,一矿在采用"工资是劳动挣来的"价值理念方面存在两点不足:①没有加大工资向井下艰苦岗位和主业关键岗位倾斜的力度,导致井上、井下工资分配差距不大,没有突出任务完成量与工资挂钩的紧密性,也没有充分强化效率作为工资分配要素的作用。井下艰苦岗位的员工从事较多的体力劳动,却获得较少的劳动报酬,这会导致井下人员工作积极性降低。②一矿在设置生产区队与相应管理部门的收入比例方面存在不足,忽略了系统规范一线管理部门与其他部门的薪酬档次,没有全面优化管理考核奖惩的兑现,也没有充分发挥工资分配杠杆的作用,没有引导地面职工向井下辅助岗位流动以及井下辅助岗位职工向井下一线岗位流动。

3. 市场化工资考核方法不完善

一矿的市场化工资考核办法不完善。首先,在机关管理性质部门方面,没有稳步推进以定员为基础的工资结算办法,也未试行管理部门内部的"级别+岗位"工资分配办法,职级限制没有被打破,这意味着工资分配仍然受到职级的限制,缺乏灵活性和公正性。其次,一矿没有改进工资挂钩考核办法。工资结算的挂钩指标仍然局限于产量和进尺,没有逐步引入精煤量、打钻量、掘进难度等更全面的考核指标,工资初次分配比重较低,与主体工作完成量挂钩的紧密性不够突出。最后,内部市场化考核并未向二级市场(区队)和三级市场(班组)延伸,职级限制仍然存在,考核要素缺乏细化,导致工资分配难以按照职工完成工作数量和质量进行差异化分配。

一矿的市场化工资考核办法不完善导致一矿的激励机制在实际操作中对调动员工工作积极性的作用有限。职工们认为不论工作表现好坏、工作量多少,待遇都一样,这种情况削弱了员工的工作积极性。为解决这些问题,一矿应该加强市场化考核机制的改进,突出工作贡献的重要性,细化考核指标,引入差异化的工资分配机制,激励员工的工作积极性和创造力。

综上所述,成本长期居高不下、人员结构失衡、产品结构单一、科技创新不足、员工工作积极性不高等内部原因导致一矿连续亏损4年,经营陷入困境。基于上述困难,单一传统的煤炭企业全面预算管理手段已很难破解上述难题,难以取得较好的经营管理效果,难以维持企业的近期生存和长期发展,必须以管理理念创新带动管理方式和管理机制的全面创新,破解生存发展难题。

第四章
平煤股份一矿脱困增盈的实践探索

本章以平煤股份脱困增盈总体部署为指导，从内部市场化改革、规范化流程管理、构建"大收入、大支出"管理体系、加快思想观念转变等方面梳理一矿脱困增盈实践做法。

第一节　平煤股份一矿脱困增盈实践方案

一矿是平煤股份的分公司，同时也是平煤股份脱困增盈改革试点单位，因此，一矿脱困增盈改革是在平煤股份的指导下进行的，同时也是平煤股份总体脱困增盈方案在一矿的落地与开展。因此，为了更好地理解一矿脱困增盈的实践，本节首先阐述平煤股份脱困增盈改革方案。

一、平煤股份脱困增盈的整体思路

平煤股份为了牢固树立和贯彻落实创新、协调、绿色、开放、共享的发展理念，坚持以"三个转变"为统领，即转变思想观念，转换产品结构，转型要素配置。首先，必须转变思想观念，传统观念的束缚已经不再适用于当今快速变化的环境。其次，需要转换产品结构，以适应市场需求的多样化和个性化趋势。最后，必须转型要素配置，以更高效的方式配置资源，实现生产和经营的双赢。平煤股份将继续积极主动地适应煤炭产业的新形势、新机遇和新挑战。公司将加快由规模增长向质量效益提升的转变，这意味着不再单纯追求规模扩张，而是注重提高产品质量和服务水平，提升盈利能力。同时，公司也将着力于由传统产业向战略新兴产业发展的转变，抓住新技术、新产业的发展机遇，实现产业结构的优化和升级。在转型过程中，平煤股份将坚持实业与资本双轮驱动的发展模式。

这意味着除了继续发挥传统产业的优势外,还将积极探索资本运作、资产管理等领域,实现产业链的延伸和增值。公司将稳妥化解过剩产能,同时进行结构调整,以保障企业的稳健发展。这一过程将伴随着脱困增盈的努力,确保企业在市场竞争中始终保持竞争力。平煤股份的目标是加快由生产型向生产经营型转变,这意味着不仅要注重产品的生产,还要关注市场营销、品牌建设等方面,实现全方位的经营管理。通过这一系列的转变和努力,公司将为煤炭企业的脱困增盈发展和转型升级提供坚实的保障,实现可持续发展的目标。

二、平煤股份脱困增盈实践的主要内容

1. 调整产业结构

在国家去产能政策的推动下,平煤股份以机遇为引,果断关闭退出过剩产能,这一举措既是对国家政策的响应,也是公司自身发展的必然选择。通过持续优化生产系统、生产布局和井下劳动组织,公司加速了机械化、自动化和信息化水平的提升,这不仅提高了生产效率,还降低了生产成本,为企业的可持续发展奠定了坚实基础。在实施减头、减面、减人等降本增效措施的同时,平煤股份着重改善了煤矿的生产组织结构,强化了煤矿的安全保障能力。这一系列举措不仅提升了煤矿的劳动生产率和效益,还有效改善了工作环境和生产条件,提高了员工的工作满意度和安全感。公司集中力量扶持优势矿井,通过技术改造和管理提升,全面提高了安全高效水平,从而推动了煤矿由传统的生产型向现代化的生产经营型转变。这一转变使得有利润矿井的效益稳步提升,同时也成功实现了亏损矿井的全面扭亏增盈目标。平煤股份以其积极的姿态和有效的措施,为行业发展和企业转型注入了新的活力,展现了企业的社会责任和发展使命。

2. 深化企业改革

为了加速企业转型升级,平煤股份着力推进"四项工程"。公司将主业进位争先,强化资本运作和市值管理,以提高"实业+资本"运营质量,进而增强上市公司的话语权和影响力。通过这一举措,公司将更好地适应市场竞争,提升企业的整体价值。将自主发展装备、建工等辅助产业,按照市场导向,坚决放开搞活。公司还大力实施股权多元化,积极推进管理层和核心员工持股计划,以此打造自主经营、自负盈亏、自担风险、自我约束、自我发展的独立市场主体。这一举措有助于提高公司的竞争力和良性发展能力,为企业长远发展奠定坚实基础。此外,平煤股份还注重加强与相关部门的沟通合作,共同制定和完善相关政策措施,为企业转型升级提供良好的政策环境和支持。公司积极参与行业

协会和商会的活动,增强行业间的交流与合作,共同应对行业面临的挑战和机遇。另外,平煤股份还加强科技创新,不断提升产品和服务的质量和技术含量,以满足市场和消费者日益增长的需求。公司加大对研发和技术人才的引进和培养力度,建立起一支高素质的科研团队,推动企业从传统制造向智能制造、绿色制造转型升级。通过"四项工程"的全面推进,平煤股份实现了产业结构的优化和升级,同时提升了企业的管理水平和运营效率。这有助于公司更好地适应市场变化,抢占发展机遇,实现更加稳健和可持续的发展。

3. 妥善进行人员安置工作

平煤股份在确定了产能退出矿井人员安置与企业内部人力资源统筹考虑的整体思路后,进一步采取了一系列有力措施。为此,公司印发了《关于整顿劳动组织减人提效的若干措施的通知》《平煤股份职工放假办法(试行)》和《平煤股份职工内部退养办法(试行)》等3个文件,明确了安置政策和程序。这些文件的发布为员工安置提供了清晰的指导和依据,确保了安置工作的有序进行。同时,公司成立了劳务派遣公司和分公司,以专业的方式来处理人员安置工作。这一举措确保了人员安置工作的专业性和高效性,使得安置方案得以全面实施并取得预期效果。在实施过程中,平煤股份不仅扎实做细了职工安置方案,还制定了风险处置预案,以防范和化解可能出现的问题和风险。公司逐矿确定方案,并采取了针对性的措施,确保了安置工作的稳妥推进和实施。这些措施的贯彻执行为安置工作提供了坚实保障,有效地降低了安置过程中的不确定性和风险。这些举措体现了平煤股份对于员工安置工作的重视和承诺,也彰显了公司的社会责任和担当。这些举措的落实不仅仅是对员工个人利益的关照,也是对企业发展战略的有力支持。平煤股份通过积极的产能退出和人员安置工作,不仅为员工提供了稳定的就业环境和发展机会,同时也为公司的战略转型和业务发展提供了坚实的保障。这一系列举措的实施,体现了企业对员工的关爱和责任,同时也为公司树立了良好的社会形象,提升了企业的社会声誉和竞争力,为未来的发展奠定了坚实的基础。

4. 盘活存量资源

平煤股份在积极鼓励和支持退出产能煤矿利用存量资源的同时,也在多个方面展开了相关工作。除了利用工业广场、设施设备等资源外,公司还积极组织生产经营、生活服务、对外技术服务或租赁等业务,以创收增效,自负盈亏,自我发展。这一系列举措不仅有助于优化资源配置,还能为公司提供多元化的收入来源,增强了企业的经济实力和市场竞争力。同时,平煤股份深入挖掘存量资源的潜力,积极寻求新的商业机会,以确保企业在市场竞争中保持领先地位。通过不断创新和技术升级,公司不仅提升了产品和服务的质量,还不断拓展了市场份额,进一步巩固了自身在行业内的地位。除此之外,平煤股份还积极发展煤矿接续项目,致力于做好退出矿井转产的对接工作。通过与相关部门和企业的密切合作,公司努力将退出的矿井资源合理有效地利用起来,为当地经济发展注入新的活力。这不仅促进了地方经济的发展,也为公司的战略转型提供了有力支持,实现了资源的最大化利用和企业的可持续发展。通过积极探索新的商业机会、加强与相关方的合作,公司将为自身发展和地方经济的繁荣做出更大的贡献。

第二节　平煤股份一矿脱困增盈实践的具体措施

一矿作为平煤股份中具有辉煌历史的矿井,自1957年建矿至今已连续高强度开采60余年,随着采掘深度不断延伸,不可避免地进入浅部资源枯竭期、深部生产布局调整期,特别是受历史原因、条件变化、煤种单一、环保制约和市场因素影响,面临着瓦斯压力增大、采掘接替紧张、成本利润倒挂、盈利能力减弱等诸多问题,给矿井脱困增盈带来了巨大挑战。平煤股份将一矿作为改革试点打造示范单位,依据矿井自身特色制定了一系列脱困增盈改革措施,不等不靠,自我革新,走出了一条老矿井脱困增盈转型发展的新路,为其他面临同样困境的矿井提供了可借鉴的经验。

一、推行内部市场化改革

内部市场化管理是运用市场经济运行规律,通过划分内部市场主体,确定交易项目,制定价格体系,统一结算交易方式,借助市场机制组织企业生产经营活动的一种管理方式。内部市场化管理能够充分调动干部职工的生产经营积极性,加速经营机制转换,助力矿井增效增盈以市场化手段推动管理升级,激发企业活力,提高经济效益,提升企业竞争力。

对于煤炭企业来讲,近年来普遍面临着产品产能过剩、企业开工率严重不足、初级产品比重大、高耗能、高污染等一系列问题,一矿作为老矿井同样面临此类问题,在这种情况下,一矿将内部市场化建设与内部资源整合、机构优化设置相结合,在企业内部全面导入内部市场化管理理念,以全预算管理、全成本核算、全流程降本增效、全要素对标提升、全员绩效分配为关键建立内部工程、服务和产品交易市场。同时,一矿以信息化为载体,积极构建规范化、标准化的内部市场平台与内部市场交易关系。

（一）建立内部市场组织体系

一矿按照全面预算、统一核算、分级管控原则建立一级市场（各战线）运行的专业区科；按照完全成本核算原则建立二级市场运行的区队；按照班组核算原则确立三级市场运行的基层班组，形成三级独立核算的市场主体。在此基础上确立各层级市场主体的链接，按照市场主体的业务性质及特点，确立一级市场的核算模式，以产量、内部维修加工、地面装卸运输、单项工程、井下物料运输等为交易客体，按实物、工程、服务三大类进行差异化定价。在一级市场的核算模式下，确定二级市场、三级市场的核算办法，形成覆盖全矿的完善运行机制。

在市场主体的细分方面，平煤股份不仅仅是按照全面预算、统一核算、分级管控原则建立一级市场（各战线），还根据完全成本核算原则建立二级市场运行的区队，以及按照班组核算原则确立三级市场运行的基层班组。这种细分市场主体的做法有助于更加精细化地管理和运营，提升了企业的整体效率和竞争力。在各层级市场主体的链接方面，公司根据业务性质和特点，确定了一级市场的核算模式，将产量、内部维修加工、地面装卸运输、单项工程、井下物料运输等作为交易客体，按照实物、工程、服务三大类进行差异化定价。这种差异化定价的方式能够更好地反映市场需求和产品价值，提高了市场运作的灵活性和效率。在此基础上，公司还确定了二级市场、三级市场的核算办法，形成了覆盖全矿的完善运行机制。这种机制的建立不仅有助于提高资源配置效率，还能够促进生产要素的优化配置，推动企业经营管理水平的不断提升。平煤股份在市场主体细分和运行机制方面的探索与实践，为企业的管理和运营提供了有效的支持和保障。这种精细化管理的做法将有助于提高企业的竞争力，推动企业向着更高水平的发展迈进。

（二）完善内部市场运行机制

1. 明确层级市场主体经营指标

财务科、计划科、企管办等部门在年度生产经营预算的基础上，以采掘、主运、洗选、运输、通防、服务等生产经营流程为主线，将产出和投入等所有经营指标，即主要产品产量、质量及修理费、材料费、电费、外委费用等各项成本要素指标，分解到一级市场主体，一级市场主体再将战线细化分解到各车间、班组，直至岗位，确保所有层级市场主体经营指标清晰。

2. 建立内部市场对标机制

一矿在劳动及各类消耗定额的基础上对价格进行制定与调整，以成本项目为对象，静态预算与动态预算调节相结合，在市场主体可控的前提下，灵活运用市场对标，对工资、材料、用电、修理等内部价格，建立内部市场对标机制，促进内部要素资源市场化配置,保持定价合理。

3.构建内部市场化结算体系

一矿按照"收入-支出±奖罚=可支配利润"的原则,根据工作量和单价结算每个主体的收入,完善了各专业与厂队、车间与班组的单价结算机制,将单价(工资)结算到每个生产经营实体和费用控制责任主体,同时建立了贷款借支与以丰补歉调节机制。

4.构建全要素对标标准

企管办、财务科、人力资源科、计划科、安检科、调度室、总办室等部门结合管理职能定位和内部市场化建设需要,通过健全各生产要素一级市场运行管理制度,在结合主体业务制定完善各类要素投入、产出定额的基础上,建立内部生产定额和成本消耗定额,并指导各专业制定完善工序、工艺和系统运维的标准、消耗定额和费用定额,形成了统一闭合的矿、区队、班组市场价格体系、结算体系和内部市场仲裁管理。

5.完善市场化考核分配体系

一矿实施在岗职工所有工资项目按工作量、工作质量、相关法律法规及一矿规定的差异化分配管理,健全了工作任务量化结算为主、定性考核为辅的市场化工资分配机制。此外,一矿建立了集中交易平台,通过将各级市场资源进行整合,将信息发布、签约服务等项目统一集中到交易服务中心办理,以结算服务中心为枢纽,将各类结算记录等进行统一集中管理,为全矿提供高质量、流程化的一站式服务,实现职能统一、结算统一、兑现统一。在此基础上人力资源科、信息办负责内部市场化信息系统建设运维,为日清月结区队核算、日清日结班组、岗位核算提供平台及支持,使得单位及职工及时了解单位及个人收入、支出及考核情况,持续提升信息化管理水平。财务、审计负责加强监管,确保内部市场运行规范高效。对弄虚作假套取工资奖励,除返还所得外,对责任人严肃问责追究。通过一系列措施完善了内部市场化考核分配体系。

(三)实施以内部市场化为核心的工资分配制度

一矿根据单位工作特点和主体任务的差异,建立新的工资分配制度,在进一步完善计量和定额的基础上,健全工作任务量化结算为主、定性考核为辅的市场化分配机制,并建立完善内部价格、结算、考核体系,健全以"质量效益"为核心的内部市场化结算模式。

采掘单位推行工程费用总承包,每月对采掘单位正常生产的工作面进行写实,合理制定出每个工作面的产量单价,并将采掘单位工资承包单价与人均工效挂钩考核,激励采掘单位提高单产单进水平。

辅助单位扩大计件工资制范围,对井下物料运输、抽放打钻、巷道维修、皮带车间配件维修等实行计件工资制,而直接对采掘单位服务的由采掘单位考核后实行工资转移支付。

地面、机关单位推行包岗工资制,在定岗的基础上坚持"增人不增资、减人不减资"的分配政策。实施管理、服务性质岗位同岗同酬,实行工程项目经营承包。

地面服务性质单位实行主体业务绩效考核与内部市场化创收相结合的工资分配制度,重点考核各岗位的主体任务完成情况,突出主体任务完成量与工资挂钩的紧密性。

改革以来先后在地面加工维修、井下辅助运输、巷修打钻等方面实行计件工资;汽车队、综合厂、综检队等10家地面服务性质单位实行主体业务绩效考核与内部市场化创收相结合的工资分配制度;对井上下临时性工程"挂牌"交易,工资进行转移支付,进一步激发了在岗干部职工的工作热情。对无责任主体业务的井下达标工作、井上下临时性工作进行明码标价、挂牌交易,鼓励工作量不饱满的单位主动揽活。坚持以内部市场化运行为核心的工资分配制度改革,推行运用"党建+经营"两个双百分考核模式,建立收入靠绩效、薪酬凭贡献的分配机制,任务完成量与工资紧密挂钩,把效率作为工资分配重点要素,破除平均主义和"高水平大锅饭",实现优绩优酬、多劳多得。拉大工资收入差距,将地面、井下辅助、采掘一线工资分配系数调整为 1∶2∶4.5。实行管理、服务性质岗位同岗同酬,对加工维修、井下采掘、辅助运输、巷修打钻等实行计件工资制和工程承包制,在地面、机关单位推行包岗工资制。

截至2022年,已有35个单位纳入内部市场化体系管理,各单位各考核要素及指标完成确定单位月度工资基数。其中,60%的工资作为保留工资不参与结构工资考核,40%的工资按照结构工资分配办法进行考核奖惩。60%保留工资与考核后的结构工资总量(之和)作为当月单位应分配工资总量。一矿通过引入市场化管理的理念和信息化管理平台的搭建能够挖潜降耗,节支增效,并灵活应用市场化竞聘、承包经营、承责经营、租赁经营、货币化包岗、挂牌竞标、转移支付、绩效考核等多种激励方式,充分调动干部职工生产经营积极性,增强内生动力,打破分配制度的藩篱,助力矿井增效增盈。

二、实施规范化流程管理

为了提高一矿的管理效能,建立科学、规范、高效的管理体系,促进矿井的安全生产和经营管理工作水平的提升,一矿将流程管理作为2022年矿井管理提升的重点项目。流程管理涵盖了生产计划管理、技术管理、安全质量管理、财务管理、成本管理、人力资源管理、物资管理、设备管理、经营管理等方面的内容。

流程管理以"三个统一"为基础,分别为健全统一的流程管理机构、统一的流程规范和流程手册以及统一的信息化流程管理平台。这些基础对流程进行全方位的梳理、优化、再造和固化，以减少随意性管理、不规范操作和无效性环节，助力企业管理升级和运营效率提升。一矿为了固化脱困增盈成果，实施规范化管理。以流程管理为基础，突出工程项目、物资采购、人力资源优化、提质增收、节支降耗等管理重点。明确各项管理业务责任和标准，指出"何时、何地、何人"去做，对流程进行全面梳理、优化、再造和固化，编制了《平顶山天安煤业股份有限公司一矿流程管理汇编》。此外，还明确了"对外交易项目立项审批流程""经营绩效流程""任期资格证管理流程"等58个业务办理流程。以下是对流程管理中的"三个统一"的详细阐述。

1. 统一的流程管理机构

由企管办统一制定各个部门各项工作的标准化流程：设计统一的流程管理架构并对流程和管理架构进行优化和改进；监督各个部门或团队按照标准化流程执行任务，确保任务按时完成并达到预期效果；如需变更流程对流程变更进行统一管理并对流程执行情况进行统一的监控；收集一矿各项标准化流程的数据信息，并根据这些信息进行分析，为下一步流程规划提供参考依据；流程技术支持定期对各个岗位的员工进行培训，使他们掌握标准化流程的执行方法，并能够熟练使用相关技术工具。

通过建立统一的流程管理机构，一矿可以有效地解决组织或企业中存在的流程混乱、重复劳动、低效率等问题。同时也能够提高组织或企业内部的协作效率、降低成本，促进企业的长期发展。

2. 统一的流程规范和流程手册

为了保证企业各部门之间协同工作、提高工作效率和规范化管理，一矿制定并实施了一套流程规范，包括流程执行的顺序、步骤、要求等内容。规范的业务流程是管理信息系统开发的基础，规范的业务流程使得各有关部门和人员可以按照统一的程序和方法处理业务，各司其职，相互协作配合，使业务能够从头至尾顺畅地进行，从而避免凭个人经验办事、一人一种做法、工作互不统一的混乱状况。

基于精细化和标准化管理以及企业管理优化和提升的需要，一矿编制了《流程管理汇编》，该汇编通过业务流程将各种管理思想和理念整合在一起并落实到每一个具体的流程步骤上去，从而促使各种管理思想能够真正落地，使得各个部门以及内部员工明确和规范做事的流程及方法。从一矿经营绩效考核流程（图4-1）可以看出，各个流程都涉及了相应的节点，处于节点中的各个部门科室也都需要严格按照流程办事。

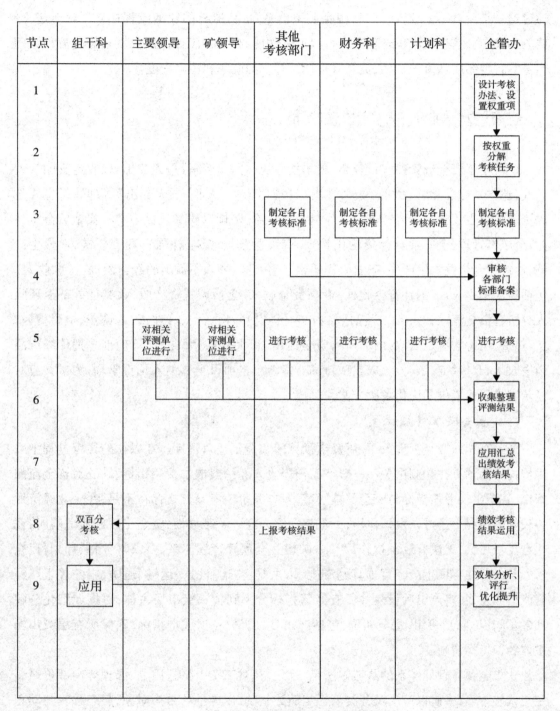

图 4-1　一矿经营绩效考核流程

3. 统一的信息化流程管理平台

统一的信息化流程管理平台指集团及下属企业所有的流程手册和岗位职责也必须

通过这个平台自动生成。一矿利用企业微信平台，将所有的业务流程在该平台上建立、修改和发布。信息化流程管理平台可以通过功能、权限和工作流的设置来固化流程管理本身的各种制度和流程，大大提高管理体系整合的效率和精确程度。

三、建立"大收入，大支出"管理体系

一矿基于资金流管控实行资金、成本指标统一归口管理，量入为出，以收定支的管理模式，建立了标准化的"大收入、大支出"管理体系。"大收入、大支出"管理体系主要是以资金流为主线整合物流、人流、工作流和信息流，坚持以质量效益为中心实施资金全预算、全成本管理、全要素对标集约化管理，持续优化供应链，补强管理责任链，增强生产链，持续提升全要素生产率，破解大而不强、广种薄收和入不敷出的经营困局。"大收入"包括煤炭销售收入、国补资金收入、专项资金收入、盘活闲置资产收入、其他外部返还收入等所有资金流入；"大支出"包括材料、工资、电费、租赁费、修理费、运输费、检验费、水费、热费、设备购置、工程支出等所有资金流出。"大收入、大支出"管理理念把传统产品销售收入、非传统收入、传统成本项目和非传统成本项目全部纳入预算管理，为矿井应对经营困难局面提供了优化解决方案。

1. 建立全预算管理体系

全预算是从资金管理入手，用资金预算落实全年经营目标。在以往的经营过程中采用传统全面预算往往侧重关注一般产品销售收入和一般成本费用指标，缺乏对资金流的管控，甚至出现考核指标与资金严重脱节，多方面价值考察分析存在不足，在企业经济形势较好的情况下还可以发挥作用，一旦企业陷入经营困难局面，资金出现断流危险时，往往会流于形式，无法有效发挥作用。一矿建立全预算管理体系，要求财务科、计划科、企管办等部门在年度生产经营预算基础上，以采掘、主运、洗选、运输、通防、服务等生产经营流程为主线，将产出和投入等所有经营指标分解到各一级市场主体，再据此细化分解到各车间（厂队）、班组，直至岗位，包括产出量、质量、各项成本指标，确保所有层级市场主体经营指标清晰。

建立全预算管理体系的具体做法是：首先，在对工资、材料、用电、修理等内部价格制定与调整方面，一矿以劳动及各类消耗定额为基础，以成本项目为对象，静态预算与动态预算调节相结合的方式，在市场主体可控的前提下，运用市场对标，对工资、材料、用电、修理等内部价格，建立内部市场竞争机制，促进内部要素资源市场化配置，保持定价先进合理。其次，为了有针对性地提出改革办法，规范具体施行过程中的操作流程，一矿制定下发一系列资金、成本管理制度文件，如《全面预算管理办法》《资金预算管理办法（试

行)》《财务记账环节内部控制制度》《资金支付环节内部控制制度》等,完善了各项经营管理制度,规范了具体施行过程中的业务操作流程。最后,一矿对资金预算实行月度考核,季度兑现,年度累计算账式,根据每月实际收入情况确定当月支出,并对预算实行阶段性考核,将当月资金计划下达到各归口责任部门,各责任部门在计划额度内安排本月资金支出,各预算项目归口责任部门每月在指标内安排当月的资金支出。一矿建立全预算管理体系从而有效保障了资金流的安全,使各项管理措施真正能够落地生根。

2. 建立全成本核算体系

一矿健全完善覆盖全方位、全要素、全流程的成本核算体系,提升生产经营精细化管理水平。企业对一级市场主体建立了关键成本考核指标:主要产品产量(工程项目)、质量及修理费、材料费、电费、外委费用等各项成本要素指标,以及工程类项目将工期、服务类项目、影响生产时间作为虚拟商品纳入内部成本核算,明确时间单价,核算影响总时间的总费用,按支出项予以扣除。以下用公式方式展示一级市场主体收入和主体支出的具体内容:

一级市场主体收入=主要产品、工程收购收入+各项成本费用项目考核收入+服务收入

一级市场主体支出=各项成本费用项目考核支出+服务支出+索赔

3. 建立全要素对标体系

一矿企管办、财务科、人力资源科、计划科、安检科、调度室、总办室等部门结合管理职能定位,建立健全了各生产要素一级市场的运行管理制度,并结合主体业务制定完善各类要素投入、产出定额、标准的基础上,对标写实、跟踪分析,分别建立矿内部生产定额和成本消耗定额,指导各专业制定了完善工序、工艺和系统运维等环节的作业标准、消耗定额和费用定额。

除了把控好资金成本源头,一矿还从经营基础和源头着手,对标集团内部其他先进单位主要经济技术指标,立足自身现状进行全面的内部审查,从安全环保、瓦斯治理、生产布局、采掘接替、装备提升、技术改造、单产单进、人员结构、劳动组织、人员效率、控员、煤质管理、成本控制、科技创新、管理制度改革等方面入手,找差距、补短板、强弱项,制定《平煤股份一矿2021年对标提升工作方案》,明确对标要素、关键指标,定标准、选标杆,因地制宜、分类施策,将经营指标、成本分解项目责任到人,为改革脱困增盈提供强有力的支撑。

四、持续推进思想观念转变

转变抵触变革的守旧行为,普及改革理念,在体制和机制变革中,转变广大干部职工抵触变革的观念是企业面临的首要问题,其对一矿脱困增盈改革的配合、理解和支持,是改革顺利进行不可忽视的关键因素。一矿推进思想观念转变主要体现在以下几个方面。

1.提高政治站位,强化组织领导

一矿认真贯彻落实中央、河南省委有关精神和集团决策部署,用好深化改革这个关键,做实扭亏增盈这项重要工作。多次召开矿领导班子会议,深入学习贯彻习近平总书记关于意识形态工作的重要论述和中央、省委关于新时代巡视工作的新精神新要求,紧紧聚焦省委第五巡视组提出的问题和意见建议,研究制定矿整改落实专项方案,每季度至少一次分析研判意识形态工作情况,推动意识形态工作责任制落细落实、落地生根。编发《意识形态工作应知应会》,将意识形态内容纳入党总支(支部)政治学习、党员党性教育和职教培训工作,全面开展党的基本理论、基本路线、基本纲领、基本经验、基本要求教育。此外,一矿按照层级管理、分级负责和谁主管谁负责的原则,进一步健全完善意识形态工作责任制,牢牢掌握意识形态工作主动权。

2.统一思想认识,凝聚工作合力

实现一矿高质量转型发展必须要从调动人的积极性、激活"人"这一关键要素入手,动员全矿干部职工进一步解放思想、更新观念、认清形势、提振信心、拼搏进取,把思想统一到矿党政工作部署上,把智慧和力量凝聚到扭亏脱困增盈目标任务上来,加快矿井高质量转型发展。企业与职工是命运共同体,一矿脱困增盈改革事关全体职工和企业切身利益,是广大职工及家属追求幸福生活的前提保障。一矿以"企业发展、职工共享"核心理念为引领,尽心竭力为职工办实事、解难题、谋福利,保证了企业在困难形势下人心不散,队伍不乱,干劲不减。此外,一矿为持续深入开展扭亏增盈改革努力形成改革力量最大公约数举办多种形势的任务教育活动,例如组织扭亏脱困"怎么看、怎么办、怎么干"大讨论活动,引导全矿干部职工树立过"紧日子""苦日子"的思想,最大限度地形成企业与职工利益共同体。通过开展多种活动,一矿统一员工改革思想认识,凝聚了广大职工干部强大的正能量。

3.压实工作责任,强化督查指导

一矿领导全面履行主体责任,认真研究部署,精心组织实施,促使广大干部职工加深对当前脱困增盈改革的理解和认识。此外,一矿实行整改问题台账管理,把需要整改的

问题逐一纳入"台账",列出问题清单、任务清单、责任清单,并组织精干人员,加强对91个党总支、支部的日常督查,督促指导基层区队严格落实集团和矿意识形态工作管理办法。在考核奖励机制上坚持月考核、月奖惩,考核结果与"两个高质量"综合考核评价、企业文化工资、干部绩效考核挂钩,对意识形态工作责任制各项任务成效进行考核,将意识形态工作与扭亏脱困增盈工作、疫情防控和安全生产"双抓双控"等工作结合起来,系统思考,有机衔接,统筹推进,以整改落实推动脱困增盈工作取得新进展。

五、强化煤炭质量管理

在平煤股份推动实施"大精煤战略"政策指导下,一矿领导对一矿扭亏增盈工作进行全面部署,提出以管理促转型、向经营要效益、向管理要效率等思想,具体从产品结构、保煤质、煤质管理等角度出发实施相应措施。

1.调整产品结构

为了解决产品单一的问题,一矿结合动力煤市场过剩的实际,发挥集团产业链优势和自身煤种资源优势、区位优势,通过运用产业链和价值链分析,把脱困增盈路径投向产品转型。一矿将动力煤转化为1/3焦精煤作为产品转型发展方向,深挖煤种潜在特性,通过改造将部分电煤转化为稀缺的焦煤销售,调整产品结构与资源配置,全面提升了品质效益。此外,产品结构调整以选煤厂产品升级改造项目为依托,一矿大力进行选煤厂技术改造工程,改造期间同时自主进行34项系统改造,125项局部改造。其中完成自主改造项目13项,配合完成技改施工15项。在试运转期间又自主实施优化洗选改造项目132项。技改后的一矿选煤厂由动力煤选煤厂转型为1/3焦煤选煤厂,生产出1/3焦精煤2号,在保证产品各项指标符合标准的前提下改变矿井煤产品单一的局面,为矿井可持续发展开辟了有效途径,提供了坚实基础。

2021—2022年原煤产量、入洗原煤量以及精煤产量都存在明显上升趋势,原煤产量于2021年的3102千吨增长至2022年的3241千吨,增长量高达139千吨;入洗原煤量更是展现突飞猛进的增长趋势,于2021年的1026千吨增长到2022年的2548千吨,上升值高达1522千吨;精煤产量也从2021年的320千吨增长至2022年的524千吨,增长量高达204千吨(图4-2)。可以看出脱困增盈改革措施带来的效果非常显著。

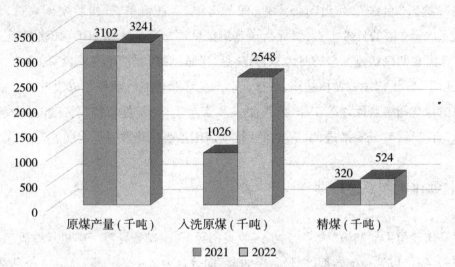

图 4-2　2021—2022 年原煤产量、入洗原煤量以及精煤产量变化趋势

2. 实行"一面一策"保煤质措施

通过"一面一策"的管理方式，可以有针对性地进行煤矿生产过程中的技术指导和管理指导，帮助煤矿提高煤质水平更好地发挥煤矿的生产潜力，优化生产过程，从而促进一矿的可持续发展。

一矿结合现场生产条件，逐月分头面、分时段、分区域下达煤质考核指标，科学确定采高计划及开拓、掘进工作面设计高度、宽度，严格执行超灰折吨、扣尺制度，强化预警管理、监督考核、奖惩兑现。改革以来，2021 年 1～10 月份因超灰采掘扣尺 95.2 米、扣吨 3.7 万吨，扣减责任单位工资共计 100.06 万元，对相关责任单位处罚共计 203.9 万元，其中，对相关责任人处罚 8.7 万元；煤质考核奖励共计 57.2 万元，加发责任单位工资共计 36 万元。

3. 强化重点环节煤质管理

加强过断层、下分层回采工作面顶板管理，采取集中排矸、煤矸分运、上网拉架控顶等措施，减少矸石混入。严格生产源头和皮带运输期间的水煤管理，严查采掘头面停机不停水现象，生产源头有水的地点做到有水必有窝，有窝必有泵，并做到及时排水，同时，严禁用水冲皮带机头机尾代替打扫卫生，加强各转载点的喷雾管理，做到停皮带停喷雾，杜绝长流水、乱冲水、乱洒水，减少出水煤现象。此外，加强煤质采样化验管理，增强煤质管控的针对性和科学性。

4. 推进"大煤质"格局

一矿重点围绕产、运、洗、配、销等环节，煤质部门全程参与，煤质意识全程贯穿，煤质考核全过程跟进,优化工程设计和设备选型,有效分采分运,合理配采配销,严格工序管理,强化现场监督,严肃考核奖惩,最大限度地减少外来灰分影响,实现毛煤灰分同比降低两个百分点,2020—2021 年间商品煤实际综合发热量同比增加 72 大卡/千克,增幅1.85%(图 4-3)。

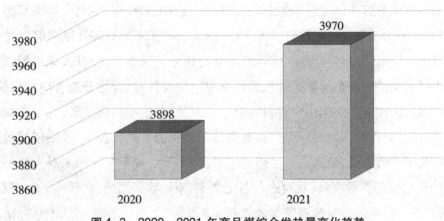

图 4-3　2020—2021 年商品煤综合发热量变化趋势

六、加强人员绩效管理

为了解决一矿长期存在的用工总量大、人员结构不合理、富余人员多、岗位工作量不饱满等问题,在优化人员结构、精简职工数量、促进人员流岗方面,一矿实行了以下几项措施。

1.精减机构数量

在干部配备和组织机构方面一矿制定下发了《平煤股份一矿党委平煤股份一矿机构人员定岗定编定员年度方案》(平煤股份一矿〔2021〕5 号文件),按照扁平管理、减少层级、重点突出、机构精简、协同高效、机关先行、逐步消化、稳步推进的原则,对现有机构、岗位重新梳理,对业务相近、职能交叉重叠、工作量不饱满的机构,进行按需定岗、按岗定编、按岗定责,应压尽压、应减尽减、兼专结合。撤销不适应现代企业制度的管理部门和职能单一、人数较少的基层单位,合并业务相近的职能部门。截至 2022 年底,累计压减机构 47 个,采掘一线单位 5 个,辅助单位 8 个,地面单位 13 个,机关管理部门 21 个,减少管理干部 128 人。2023 年主辅分离改革,辅业分离单位 15 个,涉及管理干部 92 人。通过对机构进行合并,有效解决了机构多、分工细、业务水平不全面、相互推诿等问题,同时根据不同部门的主要工作职能,转变管理方式,构建职责明晰、精干高效、管控有序的组织机构体系的管理模式。机构合并后,人力资源科对各单位,尤其是压减合并后的管理部门,重新定岗定员,共计减少固定岗位83个。

2.清退冗余人员

加强整顿劳动用工,清退各类冗余人员。为进一步强化劳动用工管理,严明劳动纪律,压实基层单位管理主体责任,增加基层单位管理的主动性与严肃性,切实提高职工的工日利用率和劳动效率。一矿修订下发了《平煤股份一矿考勤管理补充规定》(平煤股份一矿〔2021〕74号文件),会同纪委、安检科等部门建立了联合查岗制度,运用智能化考勤系统,全天候对全矿所有在岗职工的出勤情况进行检查抽查,统计分析各单位出勤率,对整体出勤率低、工作量不饱满岗位重新定编定岗定员,并核减相应工资;对于长期旷工人员,发信、发函进行告知,并在公示栏、企业微信上发布公告进行公示,依法依规解除劳动合同关系;对于外借人员,全部重新办理外借手续,无手续或手续到期未返岗的一律按旷工处理;对于"上花班"的人员,及时进行登记备案,累计旷工达到30天后,依法依规解除劳动合同关系。一矿大力整顿清理非政策性"零出勤"人员。2020—2022年一矿在岗人数呈现逐渐下降趋势,于2020年的8924人下降至2022年的7987人,较同期下降937人,下降率高达10.5%,精简人员工作取得了显著效果(图4-4)。

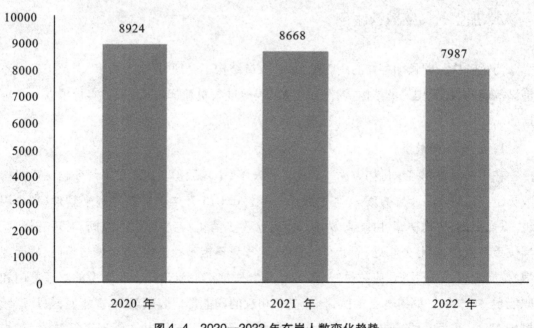

图4-4　2020—2022年在岗人数变化趋势

3.推动职工精准转岗

为持续优化矿井人力资源配置,按照集团转岗河南通服专题会要求,一矿党政高度重视,成立了以党委书记、矿长为组长的转岗河南通服领导小组,出台了《平煤股份一矿员工转岗河南通服公司管理办法》(平煤股份一矿〔2021〕73号文件),对转岗职工的劳动关系、工资待遇、社保缴纳、考核管理等问题进行了明确规定,并成立转岗发展河南通服管理机构,负责转岗发展职工在河南通服工作期间的权益保护、后勤保障、关系协调等工作,随着集团公司提供的共享用工单位不断增多,一矿积极探索转岗就业新途径,为职工和用工单位搭建对接平台。此外,一矿通过多种形式就如何解放思想、更新观念进行了宣讲,并在干部职工中进行了深入探讨。在向集团外部转岗发展的同时,一矿也积极推动矿井职工参与集团内部单位招聘,鼓励管理干部、部分超员岗位人员参加夏店矿、梁北二井等新建矿井的招聘。

4. 推行规范化管理

除了自然退休离职,一矿目前还推进了"自谋职业""停薪留职"等措施来鼓励员工转岗发展,将员工转到合适其他技能的平煤股份下属单位。另外企业推行"政策性离岗",一矿修订下发《平煤股份一矿考勤管理补充规定》,明确各单位用工管理主体职责,通过调取资料、下队调研、联合查岗、入井写实等方式,定期开展劳动组织调查分析,并于2020年2月开始实行智能考勤系统(图4-5),通过智能化考勤系统统计分析各单位出勤率,采取不定时基层查勤,对整体出勤率低、工作量不饱满岗位重新定编定岗定员,并核减相应工资,对旷工达到30天的员工,依法依规解除劳动合同关系。

图4-5　2020-2022年人员平均工资变化图

5. 推动一岗多责

一矿在对各项工作实行全面计量和定价的基础上,采用多种方法加大正向激励力度,拓宽职工创收途径,通过收入刺激,推动实现全员化一岗多责、矿井精干高效。一是探索实行区域化管理,对井下各区域、特别是采掘工作面,重新划定区域管理范围,由工程主体单位整体承包工作面供排水、压供风、巷道维护及达标等工程项目,配合及服务单位对准主体单位实行契约化有偿服务。通过转变管理方式和正向激励,引导主体单位职工主动承担区域内本岗位以外的工作任务,从而推动职工由一岗一责向一岗多责、一专多能转变。二是探索实行与工作饱满度挂钩的工资激励政策,特别是对于地面和井下辅助岗位职工,在完成本职工作任务之余,引导其服务见利见效项目,在增加收入的同时,减少不必要的岗位投入。三是科学优化井下工种培训(复训)、取证培训,创新培训方式,加大正向激励,鼓励各岗位职工一人多证、一专多能、减员提效、多劳多得。2020—2022年人员平均工资除 2020 年以外,其他年间均呈现明显上升趋势,人员平均工资自 2020 年的 57 255 元增长至 2022 年的 83 980 元,较同期增长了 26 725 元,增长率高达近 46.68%(图 4-6)。

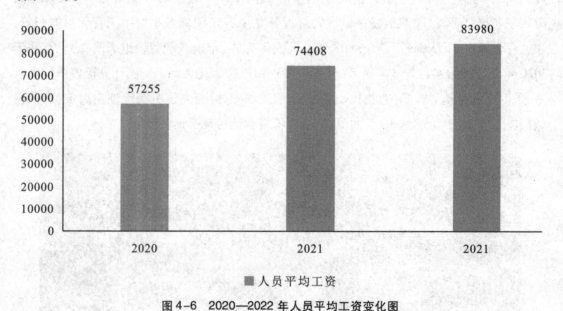

图 4-6 2020—2022 年人员平均工资变化图

七、提高科技创新力度

为了促进一矿安全生产、脱困增盈以及高质量转型发展,一矿围绕经营管理、企业发展实际,加强自主创新,积极开展了科技攻关和管理创新活动。

1. 激发创新创造活力

一矿要求各单位把创新摆在高质量转型发展的首位,以质量效益为中心,发挥科技创新在全面创新中的引领作用,深入推进科技创新工程,坚持党政工团齐抓共管抓好科技创新,主动对标行业一流,把高质量转型作为贯穿企业发展的一条主线,把技术的难点、转型的痛点、发展的堵点作为攻坚破难的重点,增强科研攻关的超前性、计划性,持续增强创新动力。另外一矿要求广大科技工作者进一步把思维创新作为科技创新的先导,以思想之新引领发展之新,以观念之变带动技术之变,以科技创新促转型、谋发展、求突破,破除因循守旧思想,坚持问题导向,培养创新思维。一矿大力弘扬科学精神,营造鼓励探索、宽容失败,尊重人才、尊重首创精神,不断激发创新创造活力动力,充分调动职工创新创造的积极性,让创新无处不在,形成全员创新、全面创新,各类英才竞现、创新成果泉涌的生动局面。

2. 全面加强人才队伍建设

人才是科技创新的根本,一矿把人才培养作为长期的基础战略工程,大力实施人才强企战略,以适应新发展格局下人才队伍建设的新要求,深入推进人才强企工程,强化创新型、应用型、技能型人才培养,强化人才的培训和"传帮带",打造专业化的人才队伍。首先,企业实施多序列人才职业通道建设,建立"四类四层十一级"岗位职级体系,发挥多序列人才职业发展通道体系的导向激励作用,激发人才创新活力,促进管理、研发、技术、技能4个类别人员的成长成才。在创新实践中发现、培养和凝聚人才,培养造就一批科技领军人才、青年科技人才和高水平创新团队,为企业发展做好人才储备和人才支撑。其次,完善后备干部人才库,探索人才定期交流机制,在政治上关心科技创新人才的成长,在同等条件下优先考虑科技创新人才评先和提拔,充分发挥不同年龄段科技人员的作用,多渠道使用、锻炼和培养科技创新人才,做到人尽其才、才尽其用,让各类人才脱颖而出。最后,定期召开矿及各战线技术例会,对技术人员科技创新业绩进行考核并鼓励科技人员跨专业交流、学习研讨,围绕制约矿井安全发展的技术难题,进行科技协作攻关,强化产学研合作,提高自主创新能力,做好科技研发试验、成果转化、技术推广、安全技术等工作,为一矿安全高效生产和高质量发展提供人才保证,实现从科技强到产业强、企业强的联动循环。

3. 不断推进平台建设

一矿把实施科技创新"六个一批"作为重点抓手,完善"有制度、有平台、有资金、有项目、有人才"的"五有"科技管理体系,打造高水平创新平台和研发机构,加强各类学习创新平台建设,把一矿科技创新工作室打造为专职研发平台,充分发挥大师工作室、图灵工作室、智能化综采工作室等平台引领作用,使各类创新平台成为职工创新、创效、创业的孵化器。通过创新平台抓培训、搞科研、带徒弟,实现出人才、出成果、出效益。充分发挥一矿各级工程师、技师的引领作用,在全矿形成科技人才引领全员创新的局面。完善总工程师负责、各分管副总工程师实施的科技创新体系,提升科技创新效能,加大科技攻关力度,加强知识产权管理,强化专利技术和技术秘密保护,杜绝关键技术外泄、核心人才外流现象发生。

4.完善科研项目管理办法

一矿加大了科研成果和科技攻关的考核力度,强化科研项目过程考核奖励,实行月度考核、季度奖励,严格把控每个项目的立项认证、合同资金、阶段性验收以及结题验收,并且每年召开年度科技总结大会进行项目总结,保障了科研课题的顺利完成。首先,落实集团《科技创新考核激励工作指导意见(试行)》,对照"五优"矿井科技创新评价办法,从项目立项、合同管理、进度、资金、验收、成果申报评审等方面,完善科技创新管理制度。其次,企业对技术含量高、发展潜力大、解决实际问题的科研项目实施重点管理,不断提高科技创新工作成效。最后,强化年度计划项目的实施和研发费用税前加计扣除管理,加强结项验收和成果评审管理,突出年度计划项目评奖优先原则,做好知识产权管理,不断提高科研质量和效率。通过制定严格的科技创新管理制度,提高科研攻关的积极性,激励一矿内部广大科技人员完成高技术含量的科技成果,不断提高自主创新能力,把科技创新转化为现实生产力,形成创新创效活力竞相迸发,创新创效成果有效转化的科技创新机制。

第三节　平煤股份一矿脱困增盈改革中的困难

一、观念转变的适应过程

企业体制和机制的变革,首先需要解决的就是观念的转变。对于一矿而言,广大干部职工的思想观念和适应能力直接影响改革的进程。观念的转变并非一蹴而就,它是一个渐进的适应过程,需要时间、耐心以及逐步的认同和接受。在改革过程中,一矿的干部职工对新理念的理解和接受程度,是推动变革成功与否的关键因素。若员工能够及时调整自己的思维方式,积极配合改革,便能为改革注入动力,确保变革能够顺利推进。然而,会有部分干部职工的思想转变较为缓慢,他们的思维方式可能依旧停留在传统的框架内,未能完全适应当前改革的需求。尤其是那些未能及时跟上改革步伐的员工,对新的发展理念常常存在一定的疑虑,这种心态往往导致改革进程的滞后。在煤炭企业的改革过程中,打破传统观念是至关重要的。许多员工依赖于过去的工作方式,认为过去的经验和方法依然有效。对于一些老员工而言,新技术、新设备的引入可能引发抵触情绪。面对新技术和新设备时,他们可能需要投入大量时间和精力去学习,这种不确定性和学习成本让他们在思想上产生迟疑。尽管如此,只有当一矿的干部和员工能够在改革过程中逐步适应新的理念,他们的思想与行为才能与企业改革的方向紧密契合,形成共同的推动力。只有通过思想的逐步适应,改革的措施才能得到有效落实,确保一矿在脱困增盈的道路上稳步前行。这一适应过程不仅是观念转变的体现,更是企业文化更新和集体凝聚力的提升过程,最终为一矿的长远发展奠定坚实的基础。

二、人才流动的双重挑战

一矿在进行旧动能转换时导致人员过剩,而与此同时,新产业的培育却因缺乏足够的专业人才而面临挑战。去产能意味着大量煤炭生产和经营相关人员下岗或转岗,造成生产经营团队的规模过剩,同时也推高了煤炭产品的成本。面对这种情况,煤炭企业不得不承受裁员和降低成本以提高效率的双重严峻压力。而煤炭企业多数为国有企业,它们不仅要应对经济结构调整的压力,还要肩负起稳定就业市场、维护社会和谐稳定的责任。这种社会责任感促使这些企业在追求经济效益的同时,不能像私营企业那样灵活处理人力资源,从而导致其人工成本居高不下。而拓展产业链条,培育新动能需要新的人才,煤炭产业链条向电力、化工、建材、物流、机械及其他领域拓展,需要大量的专业技术人才。这些人才不应该仅仅局限于企业内部的培养体系,而应该面向社会进行广泛招聘。他们需要拥有丰富的专业技能和实践经验,能够在不同的环境中迅速适应并发挥作用。然而,这种人才的积累并非一蹴而就的过程。它要求煤炭企业在人才培养上投入大量资源,同时也需要社会各界的支持和参与,共同构建一个有利于创新和人才成长的生态系统。当前,煤炭企业面临的问题是双重的:一方面,随着传统动能的逐步减少,可能会导致一些职位的闲置;另一方面,新动能的培育过程中却面临着人才不足的挑战。这种矛盾现象严重制约了新旧动能之间的有效转换,阻碍了企业从传统模式向现代模式转型的步伐,影响了企业的长远发展。

三、人员绩效管理的实施阻碍

1.机构人员定编定岗改革进度缓慢

近年来,在集团党委组织部的指导下,一矿先后2次修订《中层干部选拔任用管理工作的实施意见》,3次修订组织机构和干部职数配备标准。但在实际工作中,由于一矿建矿早、基数大、历史包袱重等原因,造成管理层级较多,组织机构相对臃肿,运转效率较低,晋升下降渠道单一,队伍活力不足。其次是一矿中层干部和专技岗位人才总数虽然在集团控制职工数之内,但干部职数主动压减进度不快,内部存在结构性矛盾。

2.干部考核评价体系不够完善

2019年初制定了《平煤股份一矿党委"两个高质量"综合考核评价办法(试行)》对干部绩效考核的范围、方式、量化标准、结果运用做出了规定。但从具体考核工作的实际情况来看:①干部绩效月度考核不够科学,以基层区队单位考核替代正职干部个人绩效考核,副职绩效考核由所在单位负责,容易出现打人情分的现象。②个别考核科室对干部个人日常考核内容以本部门奖惩考核办法为主,奖惩方式以罚款为主,难以有效体现在绩效考核中。③日常考核侧重井下单位和容易量化的工作,对地面服务单位、职能部门和难以量化的工作考核力度不大。④考核结果运用不及时。上述四点问题,导致干部绩效考核难以客观准确地反映干部综合素质和履职情况,考核结果容易失真,对干部的影响力、约束力不明显。

第五章

平煤股份一矿脱困增盈实践的绩效评价

基于平煤股份一矿脱困增盈的实践探索,本章明确了一矿进行绩效评价的必要性,构建了绩效评价的模型并对绩效评价的结果进行了分析,为下一步构建一矿脱困增盈改革的管理模式奠定基础。

第一节 平煤股份一矿脱困增盈绩效评价的必要性分析

企业绩效评价作为企业经营成果的判断手段,对发现经营中存在的问题及其改进有巨大助益,是企业管理中的重要环节之一。因此,本节首先对绩效评价的含义和必要性进行阐述。

一、绩效评价的含义

绩效评价指的是组织依照预先确定的标准和一定的评价程序,运用科学的评价方法、按照评价的内容和标准对评价对象的工作能力、工作业绩进行定期和不定期的考核和评价。绩效评价分为两部分,即财务绩效评价和非财务绩效评价。

企业财务绩效是企业经营状况的展现,也是评判企业成果的标准之一,财务绩效可以多角度全方位地反映企业各种财务类的经营状况,企业可以从营运能力、盈利能力等方面来反映企业的财务绩效。非财务绩效是对企业绩效评价的全面补充和完善,帮助企业做出更加合理的管理决策,企业可以从技术创新、人才创新以及环保投入等方面来反应企业的非财务绩效。

二、一矿脱困增盈绩效评价的必要性

（一）对一矿脱困增盈前后的绩效进行全面科学的评价

从实际出发对一矿脱困增盈的前后绩效进行评价，评价时不仅涵盖了传统的财务指标，如资本成本、资产负债状况等，更将技术创新能力和安全生产标准纳入考量范围。这种多维度的评价方式能够有效地避免以往以净利润为中心的评价方法所暴露出的片面性和表面化问题。而基于财务指标和非财务指标的绩效评价可以全面科学地反映一矿脱困增盈前后的绩效变化，我们能够更为全面地理解和把握矿场在运营效率、成本控制、风险管理以及可持续发展方面的真实情况。此外，结合财务指标和非财务指标的综合绩效评价，还有助于建立起一个更加透明、公正和可持续的企业管理体系。它鼓励矿场在追求经济效益的同时，也要注重环境保护、社会责任以及员工福祉等多方面的均衡发展。通过这种全面而深入的评价，一矿可以更好地适应市场变化，提升自身竞争力，并最终实现长期稳定的发展目标。

（二）为一矿制定发展策略提供支撑

随着一矿实现了脱困增盈，它迈入了一个全新的发展时期。在这个新阶段，对企业的发展战略提出了更高的标准和期望，要求企业不仅要保持盈利能力，还要追求可持续发展。为了适应这一变化，进行绩效评价就显得尤为重要。通过对经营成果进行评估，可以准确地反映出一矿在营运能力、盈利能力、技术创新、节能环保等方面的表现，从而为一矿制定符合当前发展阶段需求的策略提供强有力的数据支持和决策依据。绩效评价结果将帮助管理层清晰地认识到自身的优势与不足，为一矿未来的业务改进和战略调整提供明确方向。

第二节 平煤股份一矿脱困增盈绩效评价的模型构建

一、指标的构建

（一）指标筛选的原则

1. 针对性原则

在建立一矿脱困增盈后经营绩效评价体系时结合定性与定量相结合的方式分别从

以下两个方面分析一矿脱困增盈对其核心利益相关者的影响。一方面,针对一矿目前实施的各类措施进行全面评价,突出一矿脱困增盈改革的效果;另一方面,考虑到煤炭行业有别于一般能源行业,在经营上有其特殊性,因此在选取指标时,应考虑到一矿的企业特点,从普通财务层面到技术、人才、社会责任等层面有针对性地筛选、扩充指标。

2. 实用性原则

选取的指标不能只参照国内外已有的研究指标,而是要基于以下几点要求:①要能够全面反映企业的财务绩效和非财务绩效;②绩效指标的选取要适用于煤炭行业;③选取的指标要结合一矿脱困增盈的背景,能够体现出一矿在脱困增盈后的成效。

3. 可行性原则

选取的指标要真实客观且易于获取,如果选取财务指标需要大量的时间去深挖验算,不仅工作量较大,还容易出现某个环节计算错误导致整个研究结果偏差,并且得到的数据也不能保证没有经过修改。企业公开的数据就是很好的选择,数据真实可靠,客观且易于获取,可以大大减少工作难度,提高工作效率。

4. 全面性原则

一矿脱困增盈的根本特征是多维度的,在筛选指标的过程中要把握全面性这一原则,构建一个多维度、系统全面的绩效评价指标体系时,需要将各类要素联系起来,从宏观与微观、定量与定性、全局与局部、长期与短期等多方面对绩效评价体系进行考量。

(二)评价指标遴选

为了更加全面、科学的对一矿脱困增盈前后绩效进行评价,本书借鉴于淮钰和张弨的研究成果,在此基础之上结合一矿的实际经营状况,将一矿的绩效评价指标体系分为两大部分:财务绩效评价指标和非财务绩效评价指标(表5-1)。

表5-1　一矿绩效评价遴选指标

序号	指标名称	序号	指标名称
1	应收账款周转率	13	一矿技术资金投入
2	存货周转率	14	专利授权数
3	总资产周转率	15	大专及其以上占比人数
4	资产报酬率	16	一矿人才资金投入
5	总资产净利润率	17	一矿吨煤安全生产资金
6	净资产收益率	18	安全生产培训人次
7	营业净利率	19	煤炭采区回采率

续表 5-1

序号	指标名称	序号	指标名称
8	总资产增长率	20	一矿吨煤节能环保资金
9	营业收入增长率	21	原煤生产水耗水资源消耗总量（立方米）
10	流动比率	21	对外捐赠
11	速动比率	22	员工工资支付率
12	资产负债率		

注：1~12 项为财务绩效评价指标；13~22 项为非财务绩效评价指标。

（三）评价指标的确定及其说明

通过对一矿的实地调研并与企业高层进行了访谈，对初步选取的绩效评价指标进行优化，从 22 个绩效评价指标中共筛选出了 17 个绩效评价指标（表 5-2）。

表 5-2　评价指标说明

一级指标	二级指标	三级指标	指标说明
财务指标	营运能力	应收账款周转率	营业收入/应收账款平均占用额
		存货周转率	营业成本/存货平均占用额
		总资产周转率	营业收入/总资产
	盈利能力	资产报酬率	（利润总额+财务费用）/平均资产总额
		总资产净利润率	净利润/总资产平均余额
		净资产收益率	净利润/所有者权益
		营业净利率	净利润/营业收入
	发展能力	总资产增长率	本年总资产增长额/年初资产总额
		营业收入增长率	（营业收入本年本期金额−营业收入上年同期金额）/营业收入上年同期金额
	偿债能力	流动比率	流动资产/流动负债
		速动比率	（流动资产−存货）/流动负债
		资产负债率	负债合计/资产总计

续表 5-2

一级指标	二级指标	三级指标	指标说明
非财务指标	技术创新	专利授权数	根据对企业的调查获得数据
	人才创新	大专及其以上学历	根据对企业的调查获得数据
	安全生产	安全生产培训人次	全年组织的关于安全生产的各种形式的培训人次
	节能	原煤生产水耗水资源消耗总量（立方米）	原煤生产水耗水资源消耗总量（立方米）/能源消耗总量（吨标准煤）
	环保	煤炭采区回采率	煤矿所开采出的原煤/可储采量

1. 财务绩效评价指标

财务绩效评价的二级指标分为四个方面,分别是营运能力、盈利能力、发展能力、偿债能力。每个二级指标所代表的含义是不同的,具体如下所示。

(1)营运能力指的是在企业分配完企业的各种资源后,能给自身企业带来利益的效率,它是一个企业经营水平的体现。本书选取的营运能力指标包括应收账款周转率、存货周转率、总资产周转率 3 个三级指标,它们能够反映出一矿的营运能力。

(2)盈利能力指的是企业能够在确定公司战略、分配相关任务、进行生产经营后所能够给企业带来利益的能力。本书选取的盈利能力指标包括资产报酬率、总资产净利润率、净资产收益率、营业净利率 4 个三级指标,它们从产品定价、资产盈利水平等不同层面衡量一矿的盈利水平。

(3)发展能力反映的是企业扩大规模,扩张资本的潜在能力,对衡量企业未来发展趋势有相当的重要性。本书选取的反映发展能力的指标包括总资产增长率和营业收入增长率两个三级指标,它们从总资产和营业收入增长等不同角度反映了一矿的发展潜力。

(4)偿债能力反映了企业清偿债务的能力,偿债能力强的企业一般资产结构较好,有较强的金融风险抵御能力。目前我国煤炭经济刚刚走出低谷,大多数上市公司经历了不同程度的财务危机,偿债能力受到极大影响,因此有必要从偿债能力视角来反映一矿的财务状况。本书选取反映偿债能力的指标包括流动比率、速动比率、资产负债率 3 个三级指标。这些指标能够全面而具体地反映一矿的偿债能力。

2. 非财务绩效评价指标

非财务绩效评价指标是指除财务绩效指标之外可以对企业绩效产生影响的指标,如企业的创新能力、安全生产能力、节能环保能力等,非财务绩效指标的设置能够更加全面、科学、客观地反应企业整体的运营情况和经营环境。一矿脱困增盈的成效不仅仅体现在财务方面,还体现在非财务方面,因此在对一矿脱困增盈改革成效进行全面评价时有必要加入非财务绩效评价进行综合评定。

非财务指标选取的原则是结合煤炭行业本身的特性,以员工和企业的可持续发展为导向。因此,非财务绩效更适宜基于现实情况,人为主观地选择具体指标。非财务绩效评价的二级指标分为技术创新、人才创新、安全生产、节能和环保。每个二级指标所代表的含义是不同的,具体如下所示。

(1)技术创新反映的是企业从生产新产品或新工艺的设想到市场应用的完整过程,它包括新设想的产生、研究、开发、商业化生产到扩散等一系列活动,本质上是一个科技、经济一体化过程,主要通过专利授权数这三级指标来进行衡量。

(2)人才创新反映的是企业通过行之有效的方法对组织内外的人才不断深入沟通发现、培养并增值的过程。人才作为企业的发展之源,企业主要通过学历占比来衡量人才创新。

(3)安全生产反映的是企业在煤矿开采过程中能够保障的人身安全、施工安全的程度。在"十四五"规划中也明确提出安全生产的重要性。本书选择安全生产培训人次指标来反映煤炭上市公司的安全生产能力。

(4)节能和环保能力反映的是企业在煤炭开采、洗选的过程中节约能源,对资源有效、循环利用以及保护、治理环境的程度。因此选择原煤生产水耗水资源消耗总量(立方米)、煤炭采区回采率两项指标反映一矿的节能环保能力。

根据国内外研究惯例,需要逐一对财务绩效评价指标和非财务绩效评价指标的相关算法进行说明。

二、权重的确定和计算

(一)指标权重的确定方法

目前指标权重确定的方法主要有两种,即主观赋权法和客观赋权法。主观赋权法主要有专家咨询法、层次分析法等,其基本原理是:较重要的指标应赋予较大的权重,各指标的权重由专家根据自己的经验和对实际情况的主观判断给出。客观赋权法是界定评价企业竞争力的一种手段,根据原始数据之间的关系通过一定的数学方法来确定权重,其判断结果不依赖于人的主观判断,有较强的数学理论依据。常用的客观赋权法通常包括主成分分析法、离差及均方差法、多目标规划法。两种指标权重的确定方法都有优缺点(表5-3)。

表5-3　主观和客观赋权法优缺点对比

类型	主观赋权法	客观赋权法
方法	专家咨询法、层次分析法	主成分分析法、因子分析法
优点	根据专家的经验性;可以根据指标的重要性给予相应的权重	避免人工干预,具有一定科学性
缺点	权重的合理性受到专家主观认识的影响,带有一定的主观性	依赖于足够的样本数据和实际的问题域,通用性和可参与性差,计算方法也比较复杂,而且不能体现评判者对不同属性指标的重视程度,有时候定的权重会与属性的实际重要程度相差较大

经过对主观赋权法和客观赋权法的对比发现,客观赋权法不适用于确定企业脱困增盈综合评价指标体系中的各指标权重。原因在于:客观赋权法使用主成分分析法等方法确定各指标权重时,需要大量的历史数据或者调查数据作为支持,这无疑会增加综合评价的工作量和处理数据的难度,并且脱困增盈是一矿近两年才开始实行的,没有大量的数据用来分析,这样就无法保证数据结果的科学性。而主观赋权法所采用的层次分析法是一种相对来说较为成熟的方法,在以往的研究实验中有大量可供参考的实践经验,并且通过实地调研以及与一矿中高层领导交谈得出的实践经验更具有全面性和可行性。另外,主观赋权法所采用的层次分析法思路简单、清晰明了,所需的定量数据较少,能够将定性分析与定量分析结合起来,这些优良特点决定了层次分析法更适用于确定目标评价体系的各指标权重。

(二)层次分析的基本步骤

层次分析法根据问题的性质和要达到的总目标,将问题分解为不同的组成因素,并按照因素间的相互关联影响以及隶属关系将因素按不同层次聚集组合,形成一个多层次的分析结构模型,最终使问题归结为最低层(供决策的方案、措施等)相对于最高层(总目标)的相对重要权值的确定或相对优劣次序的排定。具体步骤如下。

第一,建立层次结构模型。将决策的目标、考虑的因素(决策准则)和决策对象,按相互关系分为最高层、中间层和最低层,绘出层次结构图。最高层是指决策的目的、要解决的问题。最低层是指决策时的备选方案。中间层是指考虑的因素、决策的准则。对于相邻的两层,称高层为目标层,低层为因素层。

第二,构成判断(成对比较)矩阵。判断矩阵表示相对上一层的某要素而言,本层次与之相关的各要素之间的相对重要性。根据对人心理特征的比较给出数量标度,层次分析法用9种标度来表示这种判断的方法,基于判断的方法和不同情况的比较给出数量标度。

第三,层次单排序及其一致性检验。层次单排序是根据判断矩阵计算相对于上一层次要素而言,本层次与之有联系的要素的重要性次序的权值。判断矩阵 B 的特征根的问题 $B=\lambda_{\max}W$ 的解 W,经归一化后,针对同一层次的相应因素和上一层次某因素相对重要性进行排序,这一过程为层次单排序。为进行判断矩阵的一致性检验,需要计算一致性指标 $CI=\dfrac{\lambda_{\max}-n}{n-1}$,当随机一致性比率 $CR=\dfrac{CI}{RI}<0.10$ 时(RI 值的参考标准见表 5-4),可以认为层次单排序的结构通过一致性检验,否则需要调整判断矩阵的元素取值。

第四,层次总排序及其一致性检验。计算某一层次所有因素对于最高层(总目标)相对重要性的权值,称为层次总排序。这一过程是从最高层次到最低层次依次进行的若 B 层次某些元素对于 Aj 单排序的一致性指标为 Cj,相应的随机一致性指标为 CRj,则 B 层次总排序一致性比率为 $CR=\dfrac{CI}{RI}$。

(三)权重的计算

本书通过专家问卷调查法邀请煤炭行业的专家和煤炭经营的管理者对各个指标的相互重要程度进行评分,然后通过公式的计算得出权重。具体步骤如下。

1. 选择评判专家

本书选择了煤炭行业和从事煤炭经营管理的 14 位专家,对一矿绩效评价指标进行一次评判。这 14 位专家从事煤炭经济方面的研究均超过 5 年以上,从事煤炭经营管理工作超过 15 年的专家有 4 人,能够证明评判专家具有一定的专业能力和学术水平,并且所选择的这些专家涉及一矿的财务、环保、人力、宣传、后勤等各个科室,后续与一矿的高层领导对评价指标进行了沟通,因此符合评价指标重要程度判断的科学性。

2. 问卷调查

现场访谈的过程中发放问卷调查表,调查问卷其中包括评价指标的层次结构、各层指标判断的矩阵表和重要性标度等材料(见附件)。让各位专家对评价指标的重要程度进行判定,判定的标准遵照层次分析法的 9 种标度进行判断,最后对各指标重要程度的数值进行统计和收集。

3. 构造判断矩阵

根据表 5-4 的呈现的判断矩阵可知,在判断矩阵中,A_i 为上一层次元素,B_i 为本层次元素,b_{ij} 表示相对于上一层次元素 A_i,B_i 因素比 B_j 因素的重要性程度。

表5-4　判断矩阵的建立原则

A_1	B_1	B_2	…	B_k
B_1	1		…	
B_2		1	…	
…	…	…	…	
B_k			…	1

专家评委根据对评价指标的认识和理解,采用层次分析法的9种标度判断方法进行评价,对不同情况给出相应的数量标度(表5-5)。

表5-5　平煤股份一矿财务绩效评价指标的重要性标度含义

重要性标度	含义
1	表示第 i 个指标和第 j 个指标相比,重要性相同
3	表示第 i 个指标和第 j 个指标相比,前者稍重要于后者
5	表示第 i 个指标和第 j 个指标相比,前者明显重要于后者
7	表示第 i 个指标和第 j 个指标相比,前者强烈重要于后者
9	表示第 i 个指标和第 j 个指标相比,前者极端重要于后者
2,4,6,8	表示上述相邻判断的中间值,需要折中使用
倒数	若因素 i 相比因素 j 的重要性为 a_{ij},则元素 j 相比因素 i 的重要性为 $1/a_{ij}$

为方便后续进行一致性检验,详细给出了判断矩阵中平均随机一致性的 RI 数值(表5-6)。

表5-6　判断矩阵平均随机一致性相同

矩阵阶数	1	2	3	4	5	6	7	8	9
RI 参考值	0.00	0.00	0.58	0.90	1.12	1.24	1.32	1.41	1.45

4.确定计算方法

依据专家给出的判断矩阵,计算出其特征向量后,对判断矩阵进行单位化处理。其中特征向量就是权重向量,反映出各指标对上一层次的重要程度。对特征向量具体的计算方法如下。

第一,计算判断矩阵每一行的乘积 M_i：$M_i = \prod a_{ij}$；

第二,计算 M_i 的 n 次方根 W_i：$= W_i \sqrt[n]{M}$；

第三,对向量 $W=[W_1, W_2 \cdots W_n]^T$ 进行单位化: $W_i = W_i / \sum W_i$,得到特征向量 $W=[W_1, W_2 \cdots W_n]^T$;

第四,计算最大特征根: λ_{max}: $\lambda_{max} = \sum [(AW_i)/nW_i]$。

5. 对判断矩阵进行一致性检验

为了保证结论的可靠性,在计算出判断矩阵的最大特征值 λ_{max} 后,需进行一致性检验,检验步骤如下。

第一,一致性指标 CI: $CI=(\lambda_{max}-n)/(n-1)$,当判断矩阵满足一致性检验时,$\lambda_{max}$ 稍大于 n,其余特征根均接近于零,此时可以得到符合实际情况的权重向量。为了方便判断判断矩阵是否满足一致性,引入判断矩阵平均随机的一次性指标修正值 RI。

第二,一致性比例 CR: $CR=CI/RI$,通常当 $CR<0.1$ 时,即表明判断矩阵达到要求,通过了一致性检验;当 $CR \geq 0.1$ 时,认为专家给出的判断矩阵需要进行调整和修正。一般认为,修正方法一是依靠专家经验,凭感觉校正;二是先明确判断矩阵的主要问题并由专家们商讨适当调整判断矩阵,直至满意为止。

6. 计算过程

第一步,建立财务绩效和非财务绩效准则层的判断矩阵(表5-7、表5-8)。

表5-7　财务绩效准则层指标的重要性判断

目标层 A	B_1	B_2	B_3	B_4
B_1	1	1	1/2	1/3
B_2		1	2	1/2
B_3			1	1/2
B_4				1

表5-8　非财务绩效准则层指标的重要性判断

目标层 A	B_5	B_6	B_7	B_8	B_9
B_5	1	2	1	1/2	1/2
B_6		1	1	1/2	1/2
B_7			1	2	2
B_8				1	2
B_9					1

第二步,建立财务绩效和非财务绩效的判断矩阵(表5-9)。由于非财务指标每个准则层下只对应了一个方案层,准则层的权重值即可代表方案层,所以不单独对方案层的重要性进行判断。

表5-9　财务绩效方案层指标的重要性判断

B_1	C_{10}	C_{11}	C_{12}	
C_{10}	1	2	1/2	
C_{11}		1	1/3	
C_{12}			1	
B_2	C_{13}	C_{14}	C_{15}	C_{16}
C_{13}	1	1	3	2
C_{14}		1	2	1/2
C_{15}			1	1/2
C_{16}				1
B_3	C_{17}	C_{18}		
C_{17}	1	1		
C_{18}		1		
B_4	C_{19}	C_{20}	C_{21}	
C_{19}	1	2	1/2	
C_{20}		1	1/2	
C_{21}			1	

第三步,权重计算。根据以上获得到的重要性程度进行分析,利用Yaahp软件对绩效指标进行权重计算(图5-1、图5-2)。

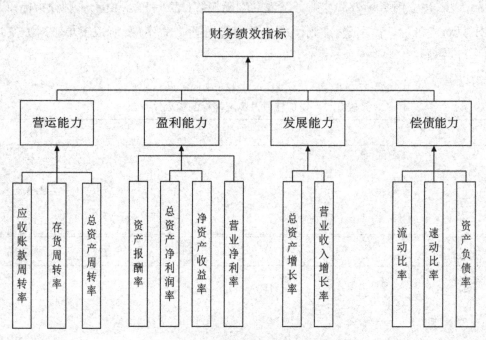

图 5-1 财务绩效指标层次结构模型

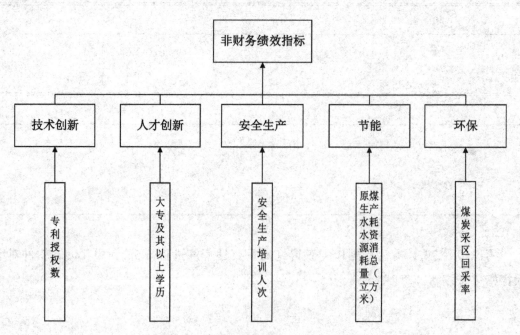

图 5-2 非财务绩效指标层次结构模型

第四步，层次排序及其一致性检验。

根据以上的权重计算公式,对一矿的财务绩效评价的指标进行权重计算,同时进行一致性检验,权重值具体见表5-10。

表5-10 财务绩效指标的权重值

序号	指标名称	权重值	序号	指标名称	权重值
1	B_1 营运能力	0.1497	9	C_{14} 总资产净利润率	0.0560
2	B_2 盈利能力	0.2358	10	C_{15} 净资产收益率	0.0282
3	B_3 发展能力	0.1982	11	C_{16} 营业净利率	0.0661
4	B_4 偿债能力	0.4163	12	C_{17} 总资产增长率	0.0991
5	C_{10} 应收账款周转率	0.0445	13	C_{18} 营业收入增长率	0.0991
6	C_{11} 存货周转率	0.0245	14	C_{19} 流动比率	0.1298
7	C_{12} 总资产周转率	0.0807	15	C_{20} 速动比率	0.0823
8	C_{13} 资产报酬率	0.0855	16	C_{21} 资产负债率	0.2042

其中准则层 B1 ~ B4 的一致性比例为 0.0639,λ_{max} 为 4.1706;方案层 C10 ~ C12 的一致性比例为 0.0089,λ_{max} 为 3.0092;C13 ~ C16 的一致性比例为 0.0641,λ_{max} 为 4.1711;C17 ~ C18 的一致性比例为 0,λ_{max} 为 2;C19 ~ C21 的一致性比例为 0.0517,λ_{max} 为 3.0537。

综上所述,可以明显看出在财务绩效指标中准则层(B)和方案层(C)的一致性比例都小于0.1,符合一致性检验要求,可以应用。

下面对一矿的财务绩效评价的指标进行权重计算同时进行一致性检验,权重值具体见表5-11。

表5-11 非财务绩效指标的权重值

序号	指标名称	权重值
1	B_5 技术创新	0.0971
2	B_6 人才创新	0.0793
3	B_7 安全生产	0.4049
4	B_8 节能	0.2217
5	B_9 环保	0.1969

其中准则层 $B_5 \sim B_9$ 的一致性比例为 0.0495，λ_{max} 为 5.2220。

综上所述，可以明显看出在非财务绩效指标中准则层（B）的一致性比例都小于 0.1，符合一致性检验要求，可以应用。

第三节　平煤股份一矿脱困增盈绩效评价的结果及分析

通过实地调研获取了一矿相关数据，本节采用最小-最大标准化法将财务和非财务数据进行标准化处理，再结合上文算出的权重值得出最终得分，根据得分说明分析一矿的经营绩效情况，得分结果具体见表 5-12 和表 5-13 所示。

表 5-12　一矿 2019—2021 年财务绩效指标得分情况表

指标	年份		
	2019	2020	2021
应收账款周转率	0	0.0402	0.0445
存货周转率	0.0027	0	0.0245
总资产周转率	0.0807	0	0.0107
营运能力得分	0.0834	0.0402	0.0797
资产报酬率	0	0.0626	0.0855
总资产净利润率	0	0.0411	0.0560
净资产收益率	0.0282	0.0156	0
营业净利率	0	0.0256	0.0661
盈利能力得分	0.0282	0.144807	0.2076
总资产增长率	0.0177	0.0991	0
营业收入增长率	0.0061	0	0.0991
发展能力得分	0.0238	0.0991	0.0991
流动比率	0	0.0865	0.1298
速动比率	0	0.0787	0.0823
资产负债率	0.2042	0.0500	0
偿债能力得分	0.2042	0.2151	0.2121

表5-13 一矿2019—2021年非财务绩效指标得分情况表

指标	年份		
	2020	2021	2022
专利授权数	0.0971	0.0194	0
大专及以上学历占比	0	0.0397	0.0793
安全生产培训人次	0.4049	0.2709	0
原煤生产水耗水资源消耗总量(立方米)	0.1589	0	0.2217
煤炭采区回采率	0.1969	0	0.0295

一、财务绩效分析

(一)营运能力分析

从营运能力(图5-3)得分可以看出,虽然部分指标出现了浮动,但是一矿的营运能力总体得分自2020年实施脱困增盈措施之后有所提高,呈现向好的趋势。

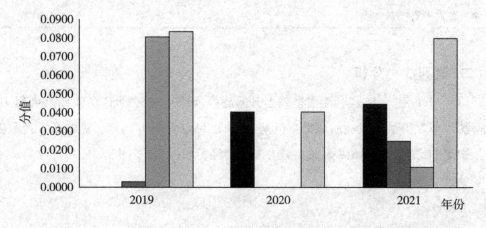

图5-3 一矿营运能力分析

1.应收账款周转率

应收账款的额度、每一笔款项的拖延时间及其管理是所有企业管理中的重中之重。过低的应收账款周转率影响了一矿的资金运转,导致资金过多地停滞在应收账款上。相较于2019年的应收账款周转率在2021年有了较大的增长,从41.32次增长到了346.81次,这也间接的说明了一矿在2020年实施脱困增盈政策的成功性。

2.存货周转率

存货周转率是权衡企业营运能力的关键因素,体现企业效率的权衡指标。该指标值越高,其整体变现能力越高。可看出 2021 年存货周转率相较于 2020 年有了较大的增长,从 19.11 次增长到了 46.60 次(表 5-14)。为了防止一矿出现煤炭产能过剩、供过于求的情况,提高企业的资金利用率,减少存货对一矿来说尤为重要。

3.总资产周转率

总资产周转率越大,效率越高,表明整个一矿的销售能力越强。2019—2020 年一矿的总资产周转率出现了下降,2021 年相较于 2020 年有了小幅度的增长,说明一矿目前存在一定的投资风险,管理效率还要再加强(表 5-14)。

总体来看,一矿营运能力各指标都出现了起伏,说明一矿的总体营运能力虽有提高,但是仍存在部分问题影响着营运能力的提升,还需要不断提高各项指标。

表 5-14　2019—2021 年一矿营运能力数据表

营运能力	2019 年	2020 年	2021 年
应收账款周转率	41.32 次	206.09 次	346.81 次
存货周转率	22.15 次	19.11 次	46.60 次
总资产周转率	1.20 次	0.39 次	0.50 次

(二)盈利能力分析

2019—2021 年,一矿盈利能力呈现上升的趋势,说明一矿在全矿员工的共同努力下,脱困增盈改革取得了阶段性的成果。但是,从中也可以看出近几年一矿的净资产收益率处于不稳定的情况,一矿还需要加大努力来改善经营状况(图 5-4)。

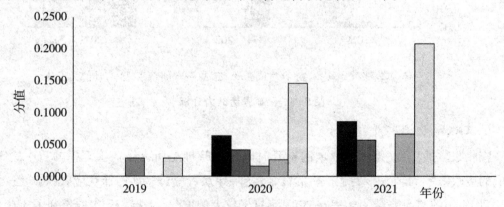

图 5-4　一矿盈利能力分析

1. 资产报酬率

2019—2021 年一矿的资产报酬率呈上升的趋势,资产报酬率由 2019 年的 5.12% 到 2021 年的 8.50%(表 5-15)。由此可以看出一矿整体投入产出水平在近几年一直处于上升阶段,企业资产运营效率提高,财务杠杆利用充分,经营获取的利益可以负担起整个矿上的运营,但是整体的盈利能力还需要继续上升。

2. 总资产净利润率

一矿近三年的总资产净利润率稳步上升,由 2019 年的 −22.14% 上升到 2021 年的 3.34%,这说明了一矿近几年投资带来的收益越来越高,体现了一矿自有资本获得净收益的能力较高。

3. 净资产收益率

一矿的净资产收益率近几年一直处于波动的状态,从 2019 年的 24.35% 逐渐下降到 2021 年的 −13.39%,这一水平的不足,直接体现了一矿整体运用自有资本能力的低下,企业投资带来的效益远不能负荷企业自身的投资支出。

4. 营业净利率

2019 年的营业净利率最低为 −18.53%,一矿实行脱困增盈改革之后营业净利率有了提升,到 2021 年已经恢复到了正值,达到了 6.71%(表 5-15)。这也就说明了,一矿销售的最终获利能力逐渐提高,但是为了防止营业净利率再次呈现负值,一矿在扩大营业业务收入的同时,注意改进经营管理,提高盈利水平。

总体来看,一矿的盈利能力大部分指标均有提高,只有净资产收益率有所下降,总体呈现向好的趋势,在发展盈利能力的同时也要加强关注企业投资与其带来效益的比例,提高企业投资成功率。

表 5-15　2019—2021 年一矿盈利能力数据表

盈利能力	2019 年	2020 年	2021 年
资产报酬率	5.12%	6.78%	8.50%
总资产净利润率	−22.14%	−3.45%	3.34%
净资产收益率	24.35%	7.48%	−13.39%
营业净利率	−18.53%	−8.76%	6.71%

(三)发展能力分析

2019—2021 年,一矿的发展能力还是趋于增长的(图 5-5),但是企业在目前的大环境之下应不断加强对资产的管理水平,同时公司应适当拓宽业务范围,形成多元化产业布局,增强企业的抗风险能力,增强企业发展的内生性。

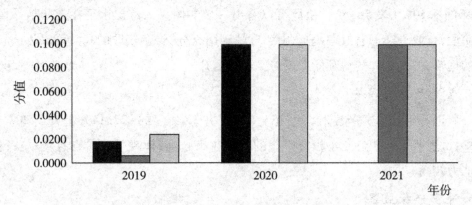

图 5-5　一矿发展能力分析

1. 总资产增长率

对于企业来说,进行转型发展的前提是拥有良好的资产增长能力。根据 2019—2021 年的数据可知,总资产增长率整体呈现上下浮动的姿态(表 5-16)。2019 年总资产增长率为 56.61% ,2020 年迅速增长到了 192.40% ,但是到 2021 年又降低到了 27.02% ,总资产增长率数据浮动大、离散性较强。

表 5-16　2019—2021 年一矿发展能力数据表

发展能力	2019 年	2020 年	2021 年
总资产增长率	56.61%	192.40%	27.02%
营业收入增长率	-12.93%	-21.23%	114.09%

2. 营业收入增长率

一矿营业收入增长率到 2021 年达到了近几年的最高值为 114.09% ,相较于 2020 年的 -21.23% ,有了突破性增长,但是煤炭行业整体利润增长与低迷的市场环境环环相扣,一矿要不断加强主营业务的发展能力。

总体来看,一矿的发展能力呈现逐步提高的趋势,但是要注意企业总资产增长率的影响,要注重企业的资产增长能力,关注企业的长远发展。

(四)偿债能力分析

一矿的偿债能力有较小幅度的增加,从 2019 年的 0.2042 分增加到 2021 年的 0.2121

分,增长幅度不大,这说明一矿的偿债能力还需提高(图5-6)。

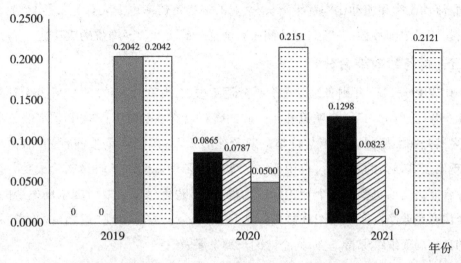

图5-6 一矿偿债能力分析

1.流动比率和速动比率

一矿的流动比率和速动比率都呈现稳步上升的趋势(表5-17),说明了一矿的流动资产在短期债务到期以前,可以变为现金用于偿还负债的能力和流动资产中可以立即变现用于偿还流动负债的能力逐渐提高。

表5-17 2019—2021年一矿偿债能力数据表

偿债能力	2019 年	2020 年	2021 年
流动比率	−83.06%	4.56%	7.46%
速动比率	−85.95%	2.83%	6.88%
资产负债率	174.28%	132.50%	118.97%

2.资产负债率

一矿的资产负债率2019—2021年呈下降趋势,局势在逐渐变好,到2021年的资产负债率得分下降到118.97%,这已经说明企业负债率在逐渐减少。但从正常的资产负债数据来看,一般企业的资产负债率在50%左右较为合适,从一矿提供的资产负债财务数据中可以看出,一矿的资产负债率仍然超过100%,一矿要达到50%这个目标还需要一段时间的努力,有很大的提升空间。

总体来看,一矿偿债能力呈现增长趋势,各项指标均验证了企业处于健康发展的良好局面,流动比率和速动比率逐年增长,企业的资产负债率也大大降低,说明企业在脱困增盈后扭转了之前亏损的状态,也从侧面验证了一矿实施脱困增盈的成功性。

(五)财务绩效综合分析

一矿2019—2021年财务绩效综合得分逐年增加,由2019年的0.3396分上升到2021年的0.5985分(图5-7),表明近几年一矿的财务效益水平整体有提升,具备良好的发展前景,尤其是在大型国企改革与疫情的双重压力下,一矿能够负重前行,并取得良好业绩,展现出了其强劲的发展力,也说明一矿实行脱困增盈的改革政策较为成功。企业在发展综合能力之前也要注重个别指标能力的提升,防止出现短板影响全局发展的情况,特别要注意企业净资产收益率和总资产增长率的影响,避免出现"返困"的现象,将脱困增盈的良好局面继续保持下去,为企业的长期发展做铺垫。

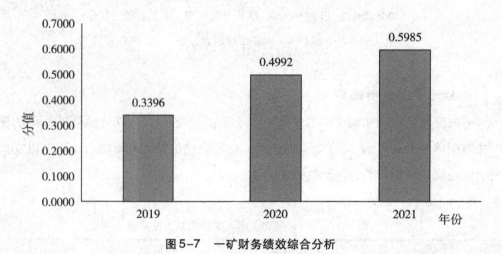

图5-7　一矿财务绩效综合分析

二、非财务绩效分析

1.技术创新

国家鼓励企业进行技术创新,一矿也响应国家号召鼓励广大员工进行技术创新,每年对于技术创新的资金投入不断增加,对于有专利发明的员工给予奖励,激发全体员工技术创新的动力,积极推广应用新技术、新工艺、新设备、新材料、科技成果及专利授权是技术创新的重要体现。2020年的专利授权数最多,达到了26个(表5-18)。2020年处于一矿脱困增盈改革最关键的时期,一矿大力鼓励企业内部进行创新,对实用的创新成果进行奖励,提高企业的创新能力,为企业后续的发展奠定基础。

2. 人才创新

硬实力、软实力,归根结底要靠人才实力。一矿在人才创新方面的投入逐年增加,大专及其以上的学历人数占比逐年增高,从 2020 年的 33% 增长到了 2022 年的 35%(表 5-18)。这也就看出来一矿同样重视对于人才方面的投入,人才储备可以说是一矿长期以来的重点关注之一。

3. 安全生产

安全生产是企业最重视的方面之一,要时刻牢记"发展决不能以牺牲人的生命为代价"的安全发展理念。在"十四五"规划中也明确表明了安全生产的要求。加强矿山深部开采与重大灾害防治等领域先进技术装备创新应用,推进危险岗位机器人替代,在重点领域推进安全生产责任保险全覆盖。

在非财务绩效方面,安全生产占比最多,2020—2022 年的安全生产培训人次分别为9096、8712 和 7936,人员占比几乎达到 100%,全矿人员平均每年每人至少进行一次安全生产培训(表 5-18)。另外,2020 年的安全生产培训人次得分达到了 0.4049 分(图 5-8),这也就验证了一矿在安全方面的重视程度,无论任何时间、任何发展阶段,安全生产都是放在第一位的。一矿在脱困增盈的五大攻坚方面,就提出了"树立安全是最大效益"的理念,"推进安全高效攻坚"的理念。

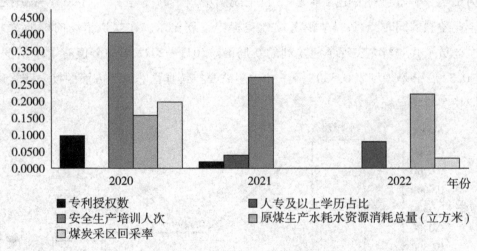

图 5-8　一矿非财务绩效分析

表5-18 2012—2022年一矿非财务数据表

		2020年	2022年	2022年
技术创新	专利授权数	26	22	21
人才创新	大专及以上学历占比	33%	34%	35%
安全生产	安全生产培训人次	9096	8712	1936
节能	原煤生产水耗水资源消耗总量(m³)	108.79	92.9	115.07
环保	煤炭采区回采率	83.70%	81.70%	82%

4.节能环保

节能和环保是相辅相成的,并且两者也都是一矿比较重视的。

原煤生产水耗水资源消耗总量(m³)的得在2022年达到了最高为115.07 m³,煤炭采区回采率在2020年达到了最高为83.70%,但是也不难看出近几年一矿在节能环保方面的得分有些上下浮动,很可能取决于当年的煤炭市场大环境不景气的原因。一矿要持续完善后续的节能环保工作,对我国尽早实现碳中和、碳达峰起到添砖加瓦的作用。

5.非财务绩效综合分析

2020年非财务绩效综合得分达到了近几年的最高分0.8578分(图5-9)。非财务绩效作为影响一矿盈利的关键因素之一,也是脱困增盈中的关键一环,2020年一矿在注重提升企业盈利的同时,对各类非财务绩效也提出了新要求。在煤炭市场向好的背景下,一矿全体员工共同努力实现企业盈利的新局面。2021—2022年的分值有了小幅度的提升,从0.3299分增加到了0.3305分。一矿还需要持续加强非财务方面的投入和管理,实现企业长久发展目标。

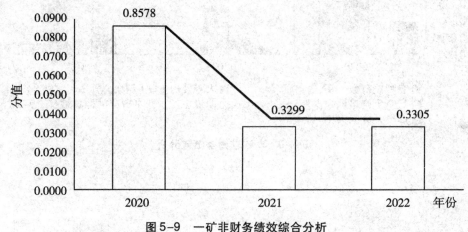

图5-9 一矿非财务绩效综合分析

三、综合绩效分析

结合对于其他企业绩效的研究成果以及查阅相关资料发现,传统财务绩效指标仍然在企业的绩效评价中占据重要位置,是企业绩效考核不可缺少的指标。在考虑一矿的综合绩效分析时,本书将财务绩效和非财务绩效赋予不同的比重,将财务和非财务绩效的综合得分占比分别赋予总体的80%和20%。考虑到一矿于2019年提出脱困增盈措施,并于2020年全面实施脱困增盈措施的实际情况,因此选取了具有代表性的2020年和2021年的综合绩效指标。通过计算发现2020年和2021年的综合绩效得分分别为0.5710分和0.6645分。

通过综合绩效得分发现,实施脱困增盈措施之后一矿的财务状况得到了很大改善,整体盈利、发展、营运、偿债能力都得到了提升,特别是应收账款周转率、存货周转率、资产报酬率、总资产净利率、营业净利率、营业收入增长率等指标相较于2019年都呈现了不同的增长趋势,也说明了一矿在脱困增盈的过程中聚焦影响高质量转型发展的突出障碍,把工作重心聚焦到调整经营思路、搞活内部管理、深挖内潜运作和大力培育洗煤增长点上来,积极探索改革,加强员工的思想建设,使广大干部职工转变思想观念。

但是从各项指标来看,一矿在脱困增盈的过程中也存在着部分经营管理以及对非财务绩效重视程度不高的问题。导致这种问题出现的原因,主要是由于近几年来国内外经济环境、环保制约和疫情等多方面因素影响,再加上叠加瓦斯压力增大、采掘接替紧张、成本利润倒挂、贷款赤字高企等诸多问题依然存在。

无论是对财务绩效和非财务绩效的分析都是科学地对一矿的经营现状进行评价,在依托相关理论的基础上,参考其他煤炭行业公司绩效评价体系的研究成果,有针对性地分析一矿目前的经营现状,发现一矿脱困增盈改革实施后的真实效果,为一矿下一步的发展提供依据。

第六章

平煤股份一矿脱困增盈改革的管理模式

本章基于战略管理理论、资本结构理论、价值链理论等相关理论,构建立足一矿实际、实施落地可行的脱困增盈改革的管理模式,提升一矿脱困增盈经验的可持续性和可复制性。

第一节 脱困增盈改革的管理思想

通过对一矿脱困增盈路径及其措施的梳理,可以看出一矿脱困增盈的管理思想由三方面构成,即系统思想、战略思想、辩证思想。

一、系统思想

系统思想是一种全盘管理理念,它强调管理者必须从系统的角度看待和管理企业。它与传统的部门和职能管理不同,要将企业看成是一个与外界环境相互作用的整体,强调协调、协作和整体优化的思想。纵观国内外脱困、脱贫工作,无论是从理论研究的成果来看,还是从发展实务来看,在进行脱困增盈过程中必须坚持系统思想。

一矿在系统思想的基础上,发现造成经营困境的因素是复杂且多维的,坚持以往的单项政策就能促进煤炭企业脱困增盈的方式已经是不切实际的思维方式。在脱困增盈的过程中,必须在实践中找准方法、找准路子、精准谋划,多项措施共同实施方能提升企业绩效,实现脱困增盈。

首先,一矿系统地看待问题的成因。清晰地认识到整体的经营困境不单单因为一个人或者一个措施所致,其外部的市场环境、组织的内部结构对其经营收入也有重要影响。这使得一矿必须以系统思想来找准不同区域、环节、部门致困因素的组合,从而选准脱困增盈的方法。其次,一矿系统地谋划了脱困增盈的方略。从多元致困的观点来看,致困成因是复杂的,因而脱困的方式应当是综合性的而不是单一方式。基于这一观点,一矿不断摸索新的切入点和方法,谋划脱困增盈方略,跟踪各项脱困增盈方略的实施效果,及时调整和完善方案,综合分析脱困增盈效果。最后,一矿系统地构建了脱困增盈的工作格局。为了综合性地解决困境问题,有效实现脱困,一矿谋划了脱困体系的组织架构和责任安排,并且以系统管理的视角和思维进一步巩固和完善了脱困增盈的工作格局。

二、战略思想

战略思想不仅涵盖了如何对未来进行前瞻性规划与决策制定,更是涉及组织在错综复杂的外部环境中寻找生存之道,以及在资源有限的情况下如何高效利用内部潜能的过程。它是一种全面的思考框架,旨在确保组织能够有效地适应变化的市场条件、技术发展和社会趋势,同时也着眼于内部流程的优化和员工能力的提升,以达成长远的组织目标。

战略思想方面,一矿从战略思想的三个层面,即战略认识、战略目标和战略方向进行了考虑。首先,提高战略认识,明确了脱困增盈是关乎一矿持续发展的大事,在新时期、新阶段将脱困增盈置于一矿经济发展格局中更为凸显的战略位置,以脱困增盈工作统揽经济发展的全局。其次,明确战略目标,制定详细战略目标,过去三年的脱困增盈工作要使一矿持续盈利并达到稳步提升的局面,实现各科室、各环节都能达到预期目标,实现开源节流、提质增效的新局面,各科室在谋划精准脱困增盈的时候,要将这一战略目标作为统筹科室工作的主要依据。最后,选准战略方向,根据一矿核心竞争力、市场需求和技术变化等因素进行评估和制定,围绕这一总的战略方向,明确阶段性目标,细化分工责任。充分利用战略思想可以使一矿在脱困增盈的过程中开拓新的市场机会、提高竞争力,从而实现长期发展。

三、辩证思想

辩证思想对企业来说非常重要,尤其是当企业所面临的问题变得愈发错综复杂和多元多变时。这要求管理者们必须具备更为全面、深入,以及包容开放的思维方式来分析和解决问题。通过这种方法,企业能够找到潜在的结合点,为它们提供切实可行且具创新性的解决方案,进而推动企业的持续发展与进步。一矿的辩证思想是通过对相互矛盾的因素进行分析,确定问题的本质并给出解决方案。

一矿从辩证思维的角度谋划脱困增盈的政策体系设计,包含了以下 3 个方面:①辩证地看待一矿经营的劣势和优势。一矿虽然大力发展循环经济并且取得了不错的经济效益,但是仍存在多方面的瓶颈因素、制约因素,在未来的脱困攻坚战中,要致力于补齐短板。②辩证地看待整体发展与精准脱困之间的关系。精准脱困并不是与整体发展争抢资源,通过精准脱困,能够为整体发展培育新的增长点,同时整体发展也能够通过恰当的利益联结机制安排,由点到面带动发展,帮助企业精准脱困。③辩证地看待利益增长与节能环保之间的关系。立足地方特色,走一条绿色脱困的发展道路,能够实现经济效益、社会效益与生态效益兼得的协调发展。

第二节　脱困增盈改革的框架模式

一、脱困增盈改革的总体目标

探索一矿脱困增盈战略变革之路是一项充满挑战但又至关重要的使命。立足于一矿内部实际情况,致力于建设安全、高效、绿色、低碳的现代化矿井,以此为基础更新发展方式,提升企业发展质量。在这过程中,必须进行颠覆性创新和系统性变革,全面提升企业度危求生、转型发展的能力,以确保企业平稳健康有序发展。为此,制定了脱困增盈改革的工作方案,以此为指导,全力推进战略变革的实施。在执行这一战略的过程中,一矿的总体思想是以质量效益为核心,着眼于打赢脱困增盈攻坚战。深入挖掘改革痛点和难点,着力推进分配制度改革,打破干部职工的思维定势和路径依赖,促进管理理念的转变,调整经营思路。综合应用了全面预算、资产盘活、对标管理、内部市场化、价值链分析、安全技术经济一体化等各种工具,以期实现持续推进安全高效、开源增收、节支降本、提质增效、改革创新等“五大攻坚”工程的目标。此外,还着力巩固深化经营管控“十项行动”,全面激活人、机、物、环、管等资源要素,以激发内生动力、提高经济效益、提升企业竞争力为目标,助力企业脱困增盈。这意味着必须充分调动和利用企业内外部的各种资源,实现资源的最大化利用,从而为企业的脱困增盈提供持续的动力。因此,一矿的脱困增盈战略变革之路是漫长而艰难的,但通过不懈努力和全面实施工作方案,最终将实现企业的脱困增盈目标,为企业的长期发展奠定坚实基础。

二、脱困增盈改革的"一二三五六"框架模式

根据对一矿脱困增盈路径和措施的研究梳理,发现一矿在面对脱困增盈这一艰巨任务时,着眼于创新产品链、优化供应链、简化生产链、协同创新链、提升价值链"五链"布局充分盘活调动人员、物资、技术、资产等要素资源,集中一切力量,想尽一切办法,提出了一矿脱困增盈改革的框架,大致可以分为一个目标、两条主线、三个机制、五个保障和六大领域(图6-1)。

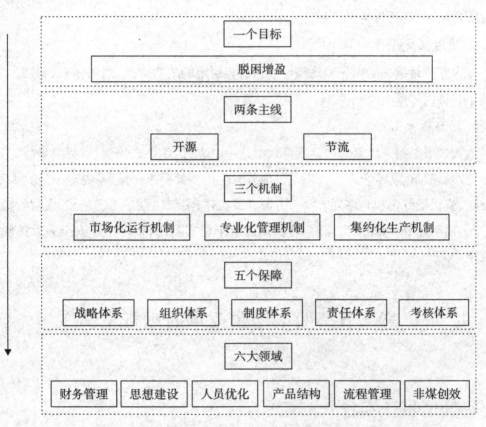

图6-1　脱困增盈改革的"一二三五六"框架模式示意图

1. 实现一个目标

一矿围绕企业运转质量、效益效率、动力的本质性变革,由规模效益型矿井向质量效益型矿井过渡,最终实现脱困增盈这一目标。

2. 贯彻两条主线

开源方面,坚持全矿一盘棋思想,紧跟市场形势,做强煤炭主业,突出源头管理,注重

配煤配采,抓好洗选加工,着力打造一矿1/3焦精煤,实现生产效益最大化。另外,坚持市场导向,做优非煤产业,整合非煤业务,提高创效能力。节流方面,一矿全面贯彻"以质量效益为中心"经营理念,以全面预算管理办法为总抓手,实时掌握预算执行情况,建立预算超支预警机制,加强指标考核的科学性、专业性、针对性、严肃性,持续收紧资金控制,压减非生产性支出。

3.推进三个机制

三大工作机制是指一矿在实施脱困增盈的活动过程中,各类要素之间相互联系以及各要素运行与协调的方式。一矿的脱困增盈机制主要包括三部分:市场化运行机制、专业化管理机制、集约化生产机制。

4.落实五大保障

五大保障是指一矿以保障提质增效为目标制定的战略体系、组织体系、制度体系、责任体系和考核体系。

5.把握六大领域

六大领域是指一矿紧紧围绕质量效益这一中心,抓住生产接替、资源配置、产销协同三个稳产提效重点,整合人、机、环、管、信五大生产创效要素,分别从财务、思想、人员、产品结构、流程规范化和非煤创效六个方面开展工作,实现抽掘采工程衔接、人财物投入产出、产供销动态平衡,为稳产高效、产品创效打下坚实基础,推进一矿安全高效的脱困增盈攻坚。

第三节　脱困增盈改革的运行机制

一、市场化运行机制

市场化运行机制是指依靠价格、供求、竞争等市场要素的相互作用,自动调节企业的生产经营活动,实现社会经济按比例协调发展。一矿的市场化运行机制是基于贯彻落实集团以质量效益为中心的经营方针,为加速经营机制转换和激发全员经营活力而实施市场化机制,建立了一矿统一的内部工程、服务和产品交易市场,灵活应用了市场化竞聘、承包经营、承责经营、租赁经营、货币化包岗、挂牌竞标、转移支付、绩效考核等多种激励方式,充分调动了干部职工的生产经营积极性,助力矿井增效增盈。

在脱困增盈过程中,一矿先后建立了以全预算管理为基础、以全方位对标为参照、以全成本核算为基准、以全要素对标提升为重点的具体运行机制。一矿按照市场主体业务性质及特点,分别以产品、服务、劳务、费用等计量,确立一级市场的核算模式,以产量、进尺、内部维修加工、地面装卸运输、单项工程、井下物料运输等为交易客体,按实物、工程、服务三大类进行差异化定价(图6-2)。

在一级市场的核算模式下,确定二级市场、三级市场的核算办法,形成核算体系,以三级市场为载体,形成"横到边、纵到底"覆盖全矿的内部价格体系。

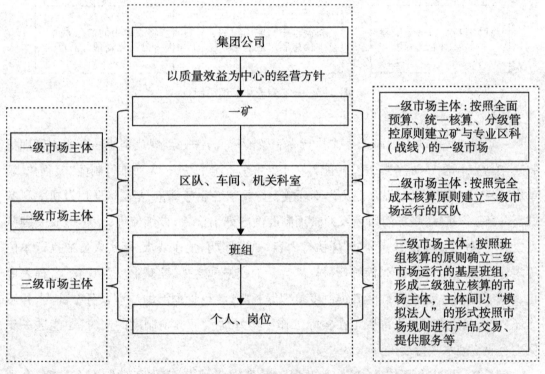

图6-2　一矿内部市场化主体及市场分级设计

二、专业化管理机制

专业化管理机制是指在市场化经济运行过程中,建立和完善相关制度,以确保管理过程的专业性和高效性,进而保障市场的稳定和公正,促进经济发展。一矿为了全面打赢脱困增盈攻坚战,由一矿领导牵头,制定了各项管理制度,协调解决运行当中出现的问题,跟踪考核各单位内部建设及运行质量,保障一矿脱困增盈政策的顺利实施(图6-3)。

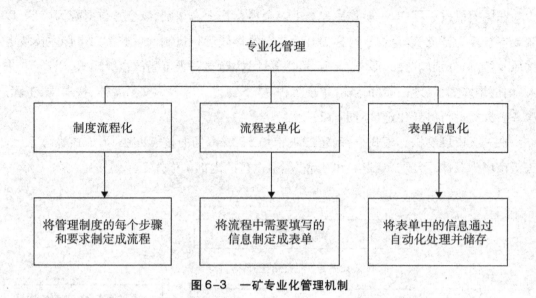

图6-3　一矿专业化管理机制

一矿为切实推动干部职工工作执行力和效能提升,进一步规范企业的专业化管理机制,一矿坚持问题导向,在提升管理能力和业务水平上狠下功夫,大力推行制度"流程化、表单化、信息化"管理,大幅提升专业化管理效率。要求各业务部室、基层区队以及机关科室结合自身工作实际,将部门所涉及的管理制度内容列出清单、详细梳理,从中提取关键节点、工作流程等重要信息,并将具体执行内容、执行周期、工作要求、落实人员或执行单位等内容详细列出,用一张张简约、科学、高容量的表格和文件,实现制度流程化、流程表单化、表单信息化。为此一矿将各类制度整理编制成《流程管理汇编》,涉及各个部门、各工作环节,这充分确保了干部职工在实际工作中更好地执行各项制度的同时,还能进一步促进企业管理水平持续提升。

有了统一要求和部署,一矿持续开展一系列硬核举措,确保各项制度有准度、有硬度、有力度,避免出现"纸上谈兵",一矿组织部分机关科室、业务部室对井下、地面各基层单位各项管理制度执行情况进行督查,重点对制度的制定、执行、落实情况进行监督检查,通过认真梳理、查摆问题,不断总结业务流程中的漏洞和不足,并持续优化整改,从而实现环节精简、效率最高,确保各项规程制度运行更顺畅、更有效,切实做到"有制度可依、违制度必究、究制度必严",以企业管理能力的提升有效推动一矿脱困增盈。

三、集约化生产机制

集约化生产机制是通过优化生产流程;提高资源利用效率以及采用先进技术手段,

推动企业不断增强市场竞争力,实现可持续发展和价值创造的一种战略驱动模式(图6-4)。

图6-4　一矿集约化生产机制

根据图6-4可以看出,一矿集约化生产机制主要包括两个方面:①加强协同创新、推进五项升级,即生产装备升级、技术工艺升级、产品结构升级、人员素质升级、管理质效升级。在生产装备层面,引入现代化、智能化的设备,突破装备智能化水平对生产操作和工艺控制的限制,不仅大幅度提升了生产效率,确保了生产任务的顺利完成,还有效增强了作业过程的安全性,降低了人为因素导致的安全事故风险,为企业的稳健发展提供了有力保障;在技术工艺方面,一矿终保持着对新技术、新工艺的不懈探索与追求,不断投入研发力量,致力于对生产流程进行全面而深入的优化。通过精细化的分析与改进,成功剔除了生产过程中的冗余环节,不仅减少了不必要的资源消耗,还极大地提升了生产效率和能源利用效率;在产品结构上,紧跟市场需求,针对煤炭市场的新趋势,灵活进行结构化调整,适时推出了符合市场新趋势的焦精煤产品,有效增强了企业在煤炭市场的竞争力,一矿得以在市场中占据更加有利的地位;在人员素质上,企业高度重视人才的培育与引进工作,通过系统化的培训计划和人才引进战略,打造高素质、专业化的团队,成为了企业持续创新、快速发展的核心驱动力;在管理质效上,一矿对标准北矿业,积极借鉴先进的管理理念,结合自身的实际情况,深入挖掘改革痛点和难点,着力打破干部职工的思维定势和路径依赖,对管理流程进行了全面而深入的优化。这样的管理理念不仅大幅提升了整体运营效率,还促进了企业内部的沟通与协作,营造了一个更加开放、包容、高效的工作氛围。一系列全面而深入的改革升级举措,不仅充分展现了一矿在创新驱动发展道路上的坚定决心和战略眼光,更为其未来的持续成长、巩固行业领先地位奠定了坚不可摧的坚实基础。②加强归核赋能、转型高质量发展新轨道:紧跟经济社会发展大趋势,加速技术迭代创新和管理体制机制创新步伐,紧扣安全高效、绿色环保、质量效益、社会效益、综合效益核心目标,以新技术、新工艺、新装备和信息化管理赋能煤炭企业科技和管理创新,有效破解人才、技术、队伍、资源、资金、环境等制约转型高质量发展瓶颈,推动煤炭企业转型转型本质安全、绿色环保、环境友好、社会和谐建设,助力煤炭企业回归应有的集约化生产、专业化管理、市场化运营良性循环发展新轨道。

健全的集约化生产机制,已经成了当代企业发展的重要任务,一矿不断完善自身的集约化生产机制,也为企业全面脱困增盈提供源源不断的动力。

第四节　脱困增盈改革的保障体系

一、战略体系

战略体系是一个企业或组织制定和执行战略的方法或框架,旨在确保战略的一致性和协同性。企业根据自身的特点和所处行业的环境,灵活运用战略体系,以确保战略的有效实施和企业的可持续发展。

一矿在实行战略体系方面,延续践行了集团公司"大精煤战略",精准把握市场变化趋势,转型精煤发展战略。一矿主要以集团的"质量效益"为战略思想,以将动力煤转化为1/3焦精煤作为产品转型的战略方针,以技术市场洞悉为基础,以激发创新人才的内驱力为根本,以全面脱困增盈为目标,建立了一个涵盖顶层设计、市场需求、创新人才的一个网状结构的战略体系。战略体系的实施过程中,一矿在现有经营管理力度的基础上,制定了管理制度,并严格加以落实,构建了科学合理的评价机制,对各项经营管理活动进行有效评价,从各个方面有力地保障了一矿脱困增盈方案的顺利实施。

二、组织体系

组织体系是指企业或组织内在的管理结构和体系,它包括组织结构、岗位职责、管理层级、制度规定和工作流程等组成部分。通过组织体系,企业可以更好地协调各部门之间的工作和资源分配,以达到实现企业战略目标的效果。

一矿在脱困增盈过程中构建了完善的组织体系。在原有组织体系的基础上,一矿建立了以党委书记、矿长为组长的领导小组,矿—区—队三级分管的组织体系,由点到面、由少到多、群策群力共同制定脱困增盈方案,并且明确了组织目标、细化组织成员分工、压实个体责任,形成了"千斤重担众人挑、人人头上有指标"的良好局面,充分凝聚起全矿干部职工齐抓共管的强大合力(图6-5)。一矿通过构建科学的组织体系,积极协调各部门的工作,为打赢脱困增盈攻坚战提供了有力的保障。

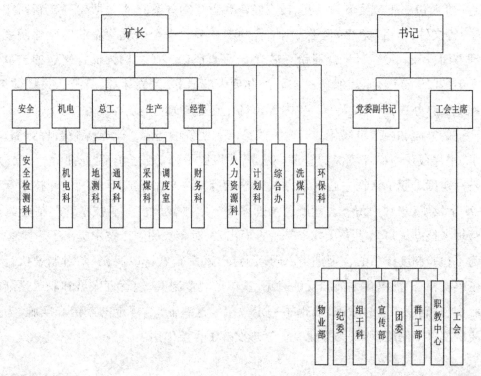

图6-5　一矿组织体系

三、制度体系

制度体系是企业员工在企业生产经营活动中共同遵守的规定和准则的总称,是企业赖以生存的体制基础,是员工的行为规范和经营活动的体制保障。

在脱困增盈期间,一矿在现有制度体系的基础上进行了优化。一矿建立健全了各项规章制度,逐步将管理由"人治"转向法制轨道,减少工作的盲目性、随意性;通过实施制度管理,明确界定各方面的责权关系,做到目标相向、上下同心、干群同力,提高工作效率。

通过整理一矿各个职能部门的制度文件,编撰了《平顶山天安煤业股份有限公司一矿脱困增盈制度汇编》(以下简称《汇编》),本《汇编》以2011年2月18日至2023年3月31日为时间界限,收录现行有效的、具有普遍规范力的主要脱困增盈制度。整理《汇编》发现,一矿目前的制度大致可分为四类:党建管理、运营管理、运行保障管理和生产技术管理。

党建,一矿下发了《平煤股份一矿党委"两个高质量"双百分综合考核评价办法 试行)》《平煤股份一矿全员节约竞赛、转变经营意识活动方案》《平煤股份一矿新闻宣传管理办法》等文件,运用"党建+经营"相结合的考核模式来全面优化企业的党建制度。运营管理方面,一矿下发了《平煤股份一矿党委 平煤股份一矿机构人员定岗定编定员三年规划方案(2020 年)》《平煤股份一矿职工办理内部退养、离岗休养、管技人员提前离岗、自谋职业实施办法》《平煤股份一矿内部市场化运营管理办法》等文件,对未来一矿人员结构调整的方向和内部市场化的运营方式给出了明确的指示。运行保障管理方面,一矿下发了《平煤股份一矿环境保护管理办法》《平煤股份一矿安全风险抵押管理办法》《平煤股份一矿困难职工帮扶中心管理办法》,全面保障一矿的生产运营。生产技术管理方面,一矿下发了《平煤股份一矿调度现场管理规定》《平煤股份一矿技术管理制度》《煤炭质量管理考核办法》等,主要从技术管理方面出发,对煤炭的生产技术提出了新要求。

为了检验制度体系的合理性,在制度制定出来发布试行以后,一矿对制度执行情况进行了落实检查,征求各方面的反馈意见,宣传了规章制度,使管理人员和职工逐渐树立遵守制度、按制度办事的意识,取得了一定效果。这些制度、规定的制定和实施,为企业顺利脱困提供了制度保障,为强化企业管理发挥了重要作用。

四、责任体系

责任体系是指规定、约束和明确组织内各级管理者和员工在组织内部和外部活动中应承担的责任和义务,及其对应的权利和权责关系。一个完善的责任体系对于企业的规范运作和有效管理是非常重要的。

一矿在构建责任体系时,责任分配明确到单位、到个人,形成了人人有责任,人人都负责的良好局面。一矿的责任体系可以分为 4 个方面,分别是领导责任、安全责任、组织人事责任、经营管理责任。领导责任方面,一矿领导把脱困增盈的顺利实施作为自己的政治责任,充分发挥领导的核心作用。安全责任方面,一矿始终坚持安全生产不放松,守住安全红线,认真落实各级安全责任,进一步强化安全管理,确保安全生产,并且建立党员(安全)责任区,健全安全层级化管理机制,明确了各层级安全主体责任。组织人事责任方面,瞄准目标任务,强化责任落实,进一步转变干部作风,加强党风廉政建设,努力以一流的作风和执行力,保证任务落实。经营管理责任方面,一矿提倡"查问题、堵漏洞、补短板、强弱项",逐级落实主体责任、监管责任和管理责任,定期盘点对账,提高经营管理效率。一矿建立了有效的责任体系,确保了所有员工遵循企业的政策、法规和道德标准,避免不当行为的发生,保障企业脱困增盈措施的顺利运行。

五、考核体系

考核体系是用于衡量员工工作表现和业绩的一种管理工具。它可以帮助组织评估员工的能力、成就和发展潜力,也为员工提供目标和激励,提高员工的工作投入度和业绩水平。

在脱困增盈过程中,一方面,一矿建立了全员绩效考核体系,制定下发了《经营绩效考核办法(试行)》,实施全流程、全覆盖的穿透式绩效考核,突出任务完成量与工资挂钩的紧密性,强化效率作为工资分配要素的作用,破除平均主义。另一方面,一矿充分发挥考核的"指挥棒"作用,针对全矿各部门、各单位主责主业,完善管理标准体系,充分发挥管理部门"服务、协调、监督、考核"职能,定期对各单位经营指标完成情况进行检查督导,及时查漏补缺,提升管理效能。

为了使全员绩效考核体系的顺利实施,在行动上,一矿强化了执行力建设,进一步规范、完善管理考核制度,狠抓干部值班及巡查走动制度的落实,严格对副职干部的管理考核,切实发挥表率作用,促进干部转变作风。在思想上,一矿开展"走进职工、做贴心人"活动,及时了解职工的所思所想,结合大众的需求去制定考核办法,使考核有力度、有尺度。一矿考核体系的设计和实施考虑到了一矿的特点和员工的不同需求,同时也给员工提供足够的反馈和支持,以帮助他们发挥更好的潜力和贡献,同时保障了员工和企业的利益,使一矿更好地脱困增盈。

第五节　脱困增盈改革的主要领域

一矿的脱困增盈实施主要通过以下六个方面进行展开,全面激活人、机、物、环、管等资源要素,激发内生动力,提高经济效益,提升企业竞争力,助力企业脱困增盈。

一、财务管理

一矿在脱困增盈过程中提出了"大收入、大成本"理念,量入为出,以收定支。推行了全成本管理、资金全面预算管理、成本全过程管控,实行资金、成本指标统一归口管理,其中月度支出计划由财务部门统一下达,各项经营成本指标费用由计划部门统一管控,对材料消耗、成本控制异常单位及时"亮灯"警示,对没有资金预算的项目或业务坚决"关门",对无计划、无资金来源的经济业务不予入账支付。

一矿在财务方面主要采取的措施有:推行"两定一限"物资精细化管理,建立材料费日报、超支预警平台和旬盘点、月通报、月分析制度,组建井下物资现场管理群,直击井下各施工现场,发现问题及时督促整改。此外,针对采购方面,一矿通过实施直购、线上比质比价、"招标+对标+审计"采购等方式,积极节约采购成本。同时,内外联动,加强协调对接,加大清欠力度,制定专项激励政策,提升清欠效果。此外,一矿还持续开展自主维修加工、"跑冒滴漏"专项治理等行动,压减水费、热费、修理费等费用支出。针对能源消耗方面,严格管控耗电大功率负荷及用电大户,井下单元工程实行用电计量考核,充分利用峰、平、谷电价差和井下中转煤仓、矸石仓,科学合理安排生产检修时间,综合采取皮带顺煤流启动等措施。一矿通过各类财务管控措施全面推进"节流"举措,助力企业脱困增盈。这些措施不仅有助于提高企业的财务效率和经济效益,还能够有效应对市场变化,增强企业的竞争力,为企业的可持续发展打下坚实基础。

二、思想建设

在脱困增盈的进程中,一矿党委在集团党委的正确领导下,牵头制定脱困增盈工作方案,以"思想大解放引领转型发展""党史学习教育"等思想活动为载体,推动"企业发展、职工共享"的核心思想落地,推动"企业发展、职工共享"的核心思想为引领落地,在此基础上,党委通过"思想破冰"进一步解放思想,以实施"五大攻坚工程"为具体抓手,全力推动企业扭亏脱困。这五大攻坚工程包括:安全高效攻坚、开源增收攻坚、节支降本攻坚、提质增效攻坚、改革创新攻坚,每项工程都紧密围绕企业的核心业务和效益提升展开,旨在通过系统化的攻坚行动,逐步扭转困局,提升企业盈利能力。与此同时,党委尽心竭力为职工办实事、解难题、谋福利、尽心竭力为职工办实事、解难题、谋福利。此外,党委还加强了与职工的沟通与交流,定期组织座谈会、职工代表大会等活动,听取职工的意见和建议,积极解决职工关心的问题。同时,党委还加强了对职工的思想政治工作,开展形式多样、内容丰富的党建活动,提升职工的思想认识和团队凝聚力。这些举措不仅有利于增强职工的归属感和认同感,也有助于凝聚企业内部的力量,共同推动企业的脱困增盈工作取得更大成效。

一矿在思想建设方面主要采取了以下措施:一方面,制订年度学习计划,学习贯彻习近平总书记关于国有企业改革发展和党的建设的重要论述,通过专题解读、座谈讨论、学习培训、在线学习等形式,创新学习宣传贯彻新工具、新方式、新方法,切实做到以思想解放促进观念转变,以观念转变推动体制机制转变。另一方面,组织开展脱困增盈"怎么看、怎么办、怎么干"大讨论活动,引导全矿干部职工树立过"紧日子""苦日子"的思想,最大限度形成企业与职工利益共同体。通过组织丰富多彩的文体活动、心理健康辅导等方式,增强职工的思想认同和团队凝聚力。此外,建立定期沟通机制,及时了解职工的思想动态和诉求,及时回应解决疑虑,保持与职工的密切联系。这些综合性的举措有助于保持一矿在脱困增盈过程中的团结稳定,确保企业的发展方向和整体氛围的稳定和积极向上。一矿在思想建设方面保证了在脱困增盈过程中人心不散,队伍不乱,干劲不减。

三、人员改革

一矿将人员改革作为脱困增盈的内生动力,全面落实集团人力资源发展规划,深入推进定岗定编定员三年行动。截至 2022 年底,累计压减机构 47 个,其中采掘一线单位 5 个,辅助单位 8 个,地面单位 13 个,机关管理部门 21 个;减少管理干部 128 人。2023 年主辅分离改革,辅业分离单位 15 个,涉及管理干部 92 人。一矿还加大对员工的培训力度,不仅注重技能培训,还着力提升员工的综合素质和职业素养。通过这些举措,一矿优化了人力资源配置,减少了用工总量,全力助推矿井脱困增盈。这一系列改革不仅提升了企业的效率和竞争力,也为员工的职业发展提供了更广阔的空间,实现了企业和员工共同发展的目标。

一矿在人员方面主要采取的措施包括制定职工转岗发展方案,组织形式多样的宣讲会,积极引导职工转变就业观念,持续推进富余人员转岗发展。此外,为了更好地优化人员结构,一矿大力开展劳动用工整顿,压缩地面勤杂人员,并对工作量不饱满的岗位重新定编定岗定员。对于非政策性长期不上班的人员,一矿也坚决予以清退,同时加强劳动组织整顿,对上花班、长伤长病、出工不出力、刷脸不上班、混井下工的人员进行严格管理。一矿还积极推动一岗多责的工作模式,以实现人员精干高效的目标。在管理方面,一矿正在探索实行区域化管理,并尝试实行与工作饱满度挂钩的工资激励政策,以激发员工的工作积极性和责任感。同时,为了提高员工的专业技能水平,一矿也在科学优化井下工种培训(复训)、取证培训等方面进行探索和实践。这些综合性的人员优化措施,将为一矿的脱困增盈提供内生动力,为企业的可持续发展打下坚实基础。

四、产品优化

一矿通过产品结构优化摆脱了利润路径依赖,从"煤堆大好说话"的规模效益转变到了把动力煤转化为1/3焦精煤作为产品转型发展方向优化产品结构，优化了品质效益，为矿井可持续发展开辟了有效途径，提供了坚实基础。

一矿在产品方面采取了一系列主要措施，以适应市场需求和提升企业整体竞争力。首先，针对总量不变的情况，公司积极探索挖掘资源禀赋深层价值，并延伸产品增值链。这一举措旨在通过调整产品结构，带动质量效益的提升，进而提高企业的"再生造血"能力。此外，公司还进行了精准的市场研判，积极开拓市场，以提升产品盈利能力为目标。这些举措不仅有助于提升产品的竞争力，也为企业的可持续发展打下了坚实基础。另一方面，一矿对洗煤厂进行了技术改造，特别是选煤厂的技术改造成为集团公司年度的重点项目。这项改造工程不仅关系到集团公司实施的"大精煤战略"，也直接影响着一矿煤炭产品的转型。通过对动力车间和生产工艺的改造，以及一矿攻关团队近百个日夜的奋战，这一重点工程顺利投入使用。这次技术改造实现了由动力选煤厂向炼焦煤选煤厂的转变，不仅优化了产品结构，提升了产品品质和效益，还为一矿的脱困增盈和高质量转型提供了有力支持，保驾护航。一矿在产品方面的措施全面而有力，不仅致力于提升产品质量和效益，还在产品结构调整和技术改造方面取得了显著成效。这些举措将有助于增强企业的市场竞争力，实现可持续发展的目标。

五、流程管理

一矿以流程管理为抓手，突出工程项目、物资采购、人力资源优化、提质增收、节支降耗等管理重点，对各项管理业务"定责、定标准、定人、定时、定考核"。以"三个统一"为基础，分别为健全统一的流程管理机构、统一的流程规范和流程手册、统一的信息化流程管理平台，全方位助力企业管理升级、运营效率提升。

在流程管理方面，一矿采取了一系列措施，旨在提升管理效率和工作质量。首先，要求各相关单位结合自身工作职责、工作标准和业务特点，按照"程序规范，流程简便"的原则，不断优化流程，确保管理服务体系的制度化、规范化、流程化。这样的管理理念有助于提高工作效率，并促进整体管理效能的全面提升。为了更好地实施流程规范化管理，一矿累计完成制定流程管理汇编共计59张，初步形成了《流程管理汇编》和《一矿推行流程管理，提升管理效能实施方案》。这些文件为各部门提供了具体的流程指南和管理方案，有助于规范工作流程，提高工作效率。举例来说，在经营绩效考核流程方面，企管办、计划科、财务科和组干科协同工作，制定相应的考核任务和标准，并经矿领导审批，最终由相关考核部门实施推广及应用。这种标准的流程规范不仅使全体员工能够更加顺畅地开展工作，也增加了领导对工作的信心。通过流程的规范化和标准化，一矿全面提升了工作效率,为脱困增盈的发展提供了有力支持。这种管理模式的成功实施,为其他相关企业提供了借鉴和参考,促进了整个行业管理水平的提升。

六、非煤创效

一矿在实施脱困增盈的措施时,除了大力发展主营业务,也着力推广非煤方面的创效,主要包括以下几个方面。

(1)饮食和公寓社区方面,一是通过机械化减人,智能化提效的方式,降低成本、节约开支;二是扩大窗口承包范围,借鉴现煤海餐厅花样组承包经验,以点带面,逐步在三食堂各个班组实行承包,达到减人提效,增加收入的目的;三是对材料进行招标管理,严把食品采购关,确保食品安全;四是提升厨师业务水平,自 2022 年起,采取"走出去、请进来"的培训模式对厨师进行专业系统的外培和内培,壮大厨师力量,提高业务水平。

(2)畜牧养殖方面,一矿后勤战线围绕脱困增盈不等不靠,主动探索林下禽畜养殖、严控用水用气指标、积极推行食堂窗口承包、大胆进行班组合并优化。克服重重困难,利用现有资源,搭建养羊舍棚,职工自行筹资试验开展养羊项目。

(3)环保方面,一矿在脱困增盈实施过程中加大管网巡查治理,及时处理"跑冒滴漏",确保仪表准确计量,严控水、气指标。

一矿通过非煤创效,深化了后勤"三化"改革,动员职工转岗发展,自谋职业。大力推进食堂窗口承包,澡堂计件考核,班组合并优化,这些措施的实施不仅使后勤服务效率与质量双提升,也为企业创造了更多的盈利机会。通过深化后勤"三化"改革,一矿成功提高了后勤服务的水平,为企业的脱困增盈提供了有力支持。

第七章

平煤股份一矿未来持续增盈的路径分析

　　在平煤股份的支持和一矿全体干部员工的努力下,一矿脱困增盈取得了优异的成绩,探索出面向大型煤炭企业脱困增盈改革的"一二三五六"框架模式,随着当前形势的发展变化,这些成绩并非终点,而只是一个新征程的起点。为了帮助一矿更快地适应新环境,本章以价值链分析为基本工具,对新环境下一矿经营管理所面临的挑战进行分析,提出一矿未来持续增盈的路径。

第一节　新环境下平煤股份一矿经营管理的挑战分析

　　在全球经济衰退风险持续增加和国内经济持续恢复的新环境下,一矿的发展既蕴藏着新机遇,同时也面临着新挑战,如何利用企业的优势和自身的确定性来应对外部的不确定性是当前一矿要解决的关键问题之一。

　　本书利用 SWOT 分析对新环境下一矿的经营管理进行分析,SWOT 分析是将与研究对象相关的优势、劣势、机会、威胁进行分析,常被用于制定企业发展战略。通过运用 SWOT 分析能帮助一矿识别其内外部因素,为新环境下持续增盈路径的分析和提出奠定基础。

一、外部的机会与挑战分析

　　当前外部的机会能够为一矿未来的发展提供方向,但也会影响一矿进一步的发展,因此必须对其外部的机会和挑战进行研判。

（一）机会

1. 国家双碳政策的实施

当前，国家推进双碳政策——碳达峰及碳中和的实施，这意味着国家重视碳的排放量，而作为碳排放量相对较大的煤炭企业首当其冲，需要进行转型改革。地方政府部门开始对煤炭企业进行补偿和转型扶持，鼓励企业进行技术创新，推动煤炭与其他技术能源相融合，加快煤炭企业改革，降低煤炭行业的碳排放量。在碳排放量受重视和政府支持转型发展的背景下，能够为一矿提供产品转型的机遇，降低对传统煤炭市场的依赖，从而向高附加值的产品转型，如开发更高附加价值、更低碳排放的煤炭产品，提升一矿煤炭产品的市场竞争力，提高市场占有率，最终有助于增加未来一矿的持续盈利能力。

2. 科技的快速发展

当前我国大力引进和培训科技人才、积极建设科研机构、实施产、学、研结合等，这些举措大力推进了我国当前科学技术的快速发展。科技的发展使煤炭气化技术逐渐成熟，可以将煤炭转化为合成气或化学品，这一技术不仅降低了企业污染物的排放，而且可使煤炭资源转化为更高附加值的产品。同时，科技进步下的传感器可以与数据分析相结合，应用到矿井智能安全监测系统中，对矿井的安全风险进行实时监测和预警，这一技术可以有效地降低矿井的事故发生率。这些科学技术的应用提高了一矿的资源利用率，降低了一矿对环境的影响，提高了一矿的安全采矿率，有利于一矿的可持续发展。

3. 平煤股份战略支持

平煤股份将一矿作为改革试点进行打造，大力推行以"四级市场主体、三个关键体系"为支撑的"主辅分离"，主辅分离指将主营业务（煤炭生产、煤炭销售和煤炭运输）与辅营业务分离开，避免主辅业务之间互相影响。采取主辅分离这一举措使得主营业务能够为辅业提供资金、技术、人才等方面的支持，减少对其带来的经济风险，辅营业务可以为企业提供额外的收入来源，从而保证了一矿的财务稳定性，提高了一矿的竞争力。

（二）威胁

1. 煤炭需求疲软

当前，欧盟各国提高了对我国的反倾销税，不断排挤制裁我国的钢铁企业。另外，在经济增速放缓的影响下，我国的房地产市场减缩与基础设施建设减速，这些外部因素导致了我国钢铁产能过剩。为解决这一问题，我国提出了"去钢铁过剩产能"的政策，关闭了一批落后、低效的钢铁企业，而煤炭作为钢铁材料的原料，在此政策的实施下需求大大降低。另外，随着中澳关系的不断改善，中国开始进口澳大利亚煤炭，而这将进一步降低钢铁市场对国内煤炭的需求，从而导致煤炭的需求量下降，加大了一矿在煤炭市场上的竞争难度,导致一矿市场份额下跌,为其带来了经营上的困难。

2.环保节能对煤炭生产构成严重压力

实施"环保节能"理念,要求政府加强对高耗能高污染的煤炭行业进行环保监督。为此,政府制定了一系列的效能标准,如新增大宗固废综合利用率达到60%、减少二氧化硫排放量130万吨等。这些标准迫使煤炭企业必须利用高效节能的设备和工艺用以提高产品能效。另外,政府制定的环保节能的法规表明企业必须按照规定排放废气、废水等污染物,并且要缴纳相应的排污费用,一旦排污超过规定量,当地政府就会收取高额的处罚费用。这些环保节能效能标准和法规的制定增加了一矿的投资成本和运营成本,对一矿造成了严重的经济压力,增加了一矿的经营难度。

3.新能源快速发展

新能源是可持续能源的代表,包括太阳能、风能、水能、地热能和生物质能等,其具备清洁、高效、低成本等特点,符合现代社会的能源需求。十八大以来,政府在新能源领域出台了各种支持新能源发展的政策,如太阳能、风能等领域的补贴和优惠政策,降低新能源上网门槛等。加大对新能源的投资,设立了一系列支持新能源发展的机构,如国家能源局、能源基金会等。政策的提出促使新能源领域处于快速发展状态,新能源的发展降低了对传统化石燃料——煤炭的依赖,压缩了煤炭行业的利润空间和发展空间,对煤炭行业造成了冲击。在新能源高速发展的背景下,一矿的发展空间减少,市场占有率受到挤压。

4.平煤股份其他煤矿正在进行深层次加工

平煤股份共有16个煤矿,这些煤矿也正在积极进行深层次加工,如将原煤产品通过深加工,转化为多种不同的工业原料和化工产品,即甲醇、乙二醇、苯、醛等;通过建立完整的矿产品产业链,加强上下游产业链合作,开展产业链升级,优化生产流程和资源配置,实现产业链高效协同发展。这些举措推进了其他煤矿的煤炭产业转型升级,使其他煤矿的煤炭资源得到高效利用,煤炭产品拥有更加广泛的市场需求和高附加值,而这挤占了一矿的煤炭市场,从而降低了一矿的产品利润率和市场竞争力。

二、内部的优劣势分析

当前,企业发展的内部环境发生了变化,一矿要保持未来持续增盈,必须要深入分析其内部的优劣势。

(一)优势

1.具有一定的规模效应

一矿是新中国成立以来我国建设的第一座大型控股煤炭企业,经过多次并购重组,扩大经营规模,逐渐具有了一定的规模效应。大规模经营可以减少一矿的固定成本和单位产量的变动成本,如设备采购、机器维护和人力成本等,为一矿带来规模经济效应,降低生产成本。此外,一矿大规模经营模式在采购原料和设备方面容易获得更好的价格和供应条件,在售卖产品时拥有更多的优质客户选择权,使得一矿的销售连续性较强,市场竞争地位更加稳健,有利于一矿长期持续性发展。

2. 煤炭深层次加工

一矿在积极推进煤炭深层次加工方面颇有成效,如一矿将动力煤通过深加工技术转化为煤炭深层次加工产品,即煤制油、动力煤转丁戊组煤、1/3 焦煤等。一矿加大了对矿藏资源的研究力度,通过地质调查、地球化学勘察等多种方式开展矿山地质勘探、矿产资源评价等工作,提高了开采效率和煤炭资源品质,实现了煤炭资源的转化和优化利用,提高了煤炭利用效率,为一矿开拓了新的产品市场,实现了多元化发展。

3. 一矿队伍凝聚力强

一矿为了提高企业效率,增强员工满意度,通过各种团队建设活动来增加团队的凝聚力,如在工作之余开展职工运动会、职工艺术节、"学雷锋"志愿服务等文体活动来加深员工之间的链接,在活动中员工学会了彼此为共同的目标相互鼓励和支持,提升了员工之间的相互信任感;通过建立员工代表大会、外出培训、部门联谊等多种沟通途径,不断增加员工之间的沟通交流,使团队成员之间沟通顺畅,减少了沟通上的失误和冲突,从而能够及时反馈信息和解决问题,有利于提高一矿员工的工作效率和工作质量,为企业带来更好的业绩。

(二)劣势

1. 人才流失现象较为严重

一矿目前的薪资福利模式为"1：2：4.5",与其他煤炭企业相比并不优厚,可能无法为员工提供具有竞争力的待遇和福利,难以吸引并留住高素质人才。另外,一矿还缺乏相对公正合理的绩效考评制度,员工无法明确自己的工作贡献和成就,被认可度较低,从而影响了员工工作的主动性、积极性和创造性,降低了员工的满意度,导致了一矿人才的流失,进而导致一矿的生产效率降低,技术创新能力下降,技术竞争优势降低。

2. 开采条件复杂,采掘接替紧张

一矿所在地区地质结构复杂,地质构造异常,煤层易出现复杂情况,如倾角变化、断层错动、隆起下降等,煤层间还存在水、瓦斯、火等危险物质,导致煤岩层结构比较松散和脆弱,这种情况下不能直接掘进煤巷,而需要先掘进岩巷,这增加了一矿掘进工作的难度,降低了一矿煤层开采的速度。另外,一矿所处的复杂地貌导致了其同一煤层中含有

不同比例的杂质和矿物质，在掘进过程中，若不能保证支护安全则需要更换掘进的巷道位置，这在掘进工作中浪费了大量的时间，降低了一矿煤炭开采的效率，增加了一矿的采煤成本。

3. 矿井老，员工年龄偏大

一矿作为新中国投产建设的第一座大型国有控股煤炭企业，矿井运营时间较长，员工从业多年，导致一矿员工年龄偏大。另外，一矿的矿井老，工作环境比较险恶，工作强度大，缺乏具有相关工作经验的年轻人。虽然从业较长时间的老员工因为经验丰富、技术娴熟，更能适应这种工作环境，但是年龄偏大的员工更加保守，难以适应新的理念、技术和管理实践，降低了工作效率，阻碍了一矿的创新和发展，从而降低了一矿的竞争力。

三、新环境下一矿经营管理的 SWOT 分析

通过上述分析可以看出，一矿要善于把握机会，充分发挥优势，规避劣势，及时应对威胁（图7-1）。

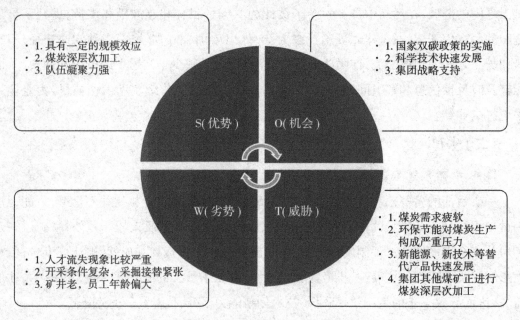

图 7-1　一矿 SWOT 分析图

通过对内外部环境综合分析，一矿需要从以下几方面进行改革。

（一）着眼长远，将本企业发展战略与国家发展战略相结合

一是利用国家双碳政策实施的契机，积极探索绿色发展的新路子。根据定位，一矿

将把矿井建成全国重要的绿色矿山基地,一矿要紧紧围绕这一定位,利用自身的内部优势,积极开发高附加值、低碳排放的煤炭产品。

二是利用科技发展的契机,积极推动煤炭企业向智能化、科技化发展。智能化、科技化发展是煤炭发展的一大机遇,也是一矿这类大型国企的发展机遇。一矿要抓住这一机遇,合理规划,尽快将智能化、科技化与一矿地上、地下生产作业流程相结合,提高一矿的资源利用率和安全生产率。

三是利用平煤股份战略支持的契机,积极推动一矿转型升级。平煤股份的战略支持是一矿实现转型升级的关键节点。一矿要按照转型升级的各项要求,逐一对标,继续补短板、抓重点,真正实现转型升级、脱困增盈。

(二)增强企业自身"造血功能"和内生动力,确保可持续性发展

一是要注意煤炭资源的可持续性,统筹考虑能源问题。从全国范围来看,太阳能、风能、水能等新能源快速发展,煤炭的替代产品逐渐增多,这极大削弱了煤炭的市场竞争力,不利于一矿的煤炭贸易。目前,一矿应该统筹考虑煤炭资源的可持续性问题,避免不久之后出现"能源悬崖",导致一矿无法继续运转。因此,一矿要尽早对煤炭资源做出相关安排,如尽早发展煤层气技术、煤炭液化技术等。

二是要注重高素质人才的培养,提升企业凝聚力。建立合理有效的绩效考评制度和薪酬制度,着力在人才培养方面形成正确的引导机制,着重帮助员工通过自身努力实现技能与素质的提升,使企业核心凝聚力得以提高。

(三)继续发挥其资源优势,做精做细煤炭产业

一是要在深度上下功夫,深入挖掘煤炭资源背后的新能源与新技术。一矿应对新技术进行深入研究,对新能源与煤炭资源的关系进行深入挖掘,在原有的1/3焦煤的基础上,洗选焦煤和动力煤打造新的煤炭能源种类。

二是要在广度上下功夫,延长煤炭资源产业链。建议一矿制定全域煤炭资源开发利用规划,在合理使用的基础上,对其前端和终端关联产业进行开发建设,发挥这些重要资源的带动作用。同时,开展与周边兄弟单位的协同合作,共同开发建设煤炭资源区域产业。

三是要在精度上下功夫,打造煤炭资源精品项目和产品。一矿要树立精品意识,打造几个经典的煤炭资源项目,将全域内的煤炭资源进行有机串联,促进其高质量发展。

第二节   平煤股份一矿的价值链分析

一、平煤股份一矿的价值链梳理

根据访谈可知,一矿的供应商、客户及销售渠道确定来自于平煤股份,这意味着无须对一矿外部价值链进行分析。本书主要对一矿的内部价值链进行分析,具体分析如下。

结合一矿的实际生产情况,把一矿的内部基本价值链分成了基本活动和辅助活动两大部分。通过对一矿生产经营流程的梳理,其基本活动可以概括为材料设备供应、矿井地面生产、矿井地下作业3个部分,是实现一矿价值增值的主要环节。其中材料设备供应主要流程为计划—审批—消耗—领用;矿井地面生产包括洗选加工作业;矿井地下作业包括采煤、掘进、通风和机电作业。辅助活动包括四个方面,即人力资源管理、企业基础设施建设、技术开发和物资采购,它们用来帮助一矿的基本活动创造价值,其中企业基础设备包含了煤炭组织结构、财务管理活动和企业文化建设(图7-2)。

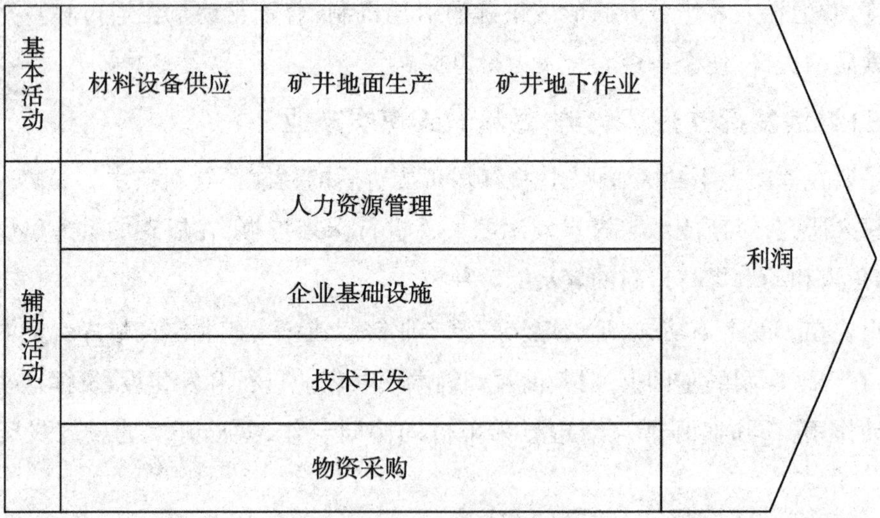

基本活动	材料设备供应	矿井地面生产	矿井地下作业	
辅助活动	人力资源管理			利润
	企业基础设施			
	技术开发			
	物资采购			

图7-2   一矿生产经营图

二、基于模型拟合的平煤股份一矿价值链分析

基于模型拟合的价值链分析主要包含 3 步:确定各价值链决策分向量、明确各分向量约束条件、进行各价值链因子优化。

(一)确定各价值链决策分向量

根据实地调研一矿内部价值链,整理出了一矿主要的 6 条价值链,分别是洗选加工作业链、采煤作业链、掘进作业链、通风作业链、机电作业链条及辅助价值链(表 7-1)。

表 7-1　一矿内部价值链

序号	变量名	说明
1	X_1	洗选加工作业链
2	X_2	采煤作业链
3	X_3	掘进作业链
4	X_4	通风作业链
5	X_5	机电作业链
6	X_6	辅助价值链

1. 洗选加工作业链

根据洗煤厂的员工确定原则,目前洗选加工作业链主要的分向量有 3 个,分别是入原煤仓因子、产品入洗和脱水因子、煤泥水处理因子(表 7-2)。

表 7-2　洗选加工作业链分向量

序号	变量名	说明
1	X_{11}	入原煤仓因子
2	X_{12}	产品入洗和脱水因子
3	X_{13}	煤泥水处理因子

2. 采煤作业链

根据采煤科的深入实际原则,了解到采煤作业链中最重要的分向量有 3 个,分别是转载采煤机运行因子、过机头尾因子和检修支护因子(表 7-3)。

表7-3 采煤作业链分向量

序号	变量名	说明
1	X_{21}	转载采煤机运行因子
2	X_{22}	过机头尾因子
3	X_{23}	检修支护因子

3. 掘进作业链

根据掘进科的系统分析原则,其表示整个掘进作业链中重要的3个分向量分别是掘进割煤机运行因子、校核中心线因子、永久支护因子(表7-4)。

表7-4 掘进作业链分向量

序号	变量名	说明
1	X_{31}	掘进割煤机运行因子
2	X_{32}	校核中心线因子
3	X_{33}	永久支护因子

4. 通风作业链

根据通风科的目标管理原则,通风作业中所有的测试环节都非常重要,主要包含4个决策的测试分向量,分别是防突测试因子、粉尘测试因子、风量测试因子和地质测试因子(表7-5)。

表7-5 通风作业链分向量

序号	变量名	说明
1	X_{41}	防突测试因子
2	X_{42}	粉尘测试因子
3	X_{43}	风量测试因子
4	X_{44}	地质测试因子

5. 机电作业链

根据实地调研原则,机电科表示整个机电作业链中最重要的分向量有3个,分别是立井提升因子、主通风机运行因子、架空乘人装置运行因子(表7-6)。

表7-6　机电作业链分向量

序号	变量名	说明
1	X_{51}	立井提升因子
2	X_{52}	主通风机运行因子
3	X_{53}	架空乘人装置运行因子

6. 辅助作业链

根据企管办的领导确定原则,一矿的辅助价值链分向量有4个,即人力资源管理因子、企业基础设施因子、技术开发因子和物资采购因子(表7-7)。

表7-7　辅助价值链分向量

序号	变量名	说明
1	X_{61}	人力资源管理因子
2	X_{62}	企业基础设施因子
3	X_{63}	技术开发因子
4	X_{64}	物资采购因子

(二)明确各分向量约束条件

1. 洗选加工作业链

洗选加工作业链中,常规的原煤储存量是4000吨,最低限度为0吨,最大容量为7000吨;常规的入洗脱水量为2 500 000吨/年,最低值为0吨/年,最大容量值为3 000 000吨/年;常规的煤泥水处理值为7 500 000 m³/年,最低值为0 m³/年,最大处理值为9 000 000 m³/年(表7-8)。

表7-8　洗选加工约束条件

序号	环节	指标	下限值	典型值	上限值
11	入原煤仓	储煤量	0 吨	4000 吨	7000 吨
12	产品入洗和脱水	入洗脱水量	0 吨/年	2 500 000 吨/年	3 000 000 吨/年
13	煤泥水处理	处理量	0 m³/年	7 500 000 m³/年	9 000 000 m³/年

2. 采煤作业链

在采煤作业链中,转载采煤机运行的开机率常用值为85%,机器使用少时其下限值为75%,最高开机率可达为95%;过机头尾的时间一般为1 h/刀,如果速度增加,最快使用时间是0.8 h/刀,速度减缓时其最慢时间是1.2 h/刀;同时,常规的检修支护时间是6 h/刀,检修时间加快,最快可以达到5 h/刀,检修时间减慢时,最慢的情况下是7 h/刀(表7-9)。

表7-9　采煤的约束条件

序号	环节	指标	下限值	典型值	上限值
21	转载采煤机运行	开机率	75%	85%	95%
22	过机头尾	时间	0.8 h/刀	1 h/刀	1.2 h/刀
23	检修支护	时间	5 h/刀	6 h/刀	7 h/刀

3. 掘进作业链

在掘进作业链中,掘进切割机运行的切割时间常用值为45 min/次,机器运行快时其切割时间为30 min/次,机器运行最慢时其切割时间为50 min/次;同时,在以1.6 m为一循环的背景下,顶板和两帮支护效率的典型值为120 min/1.6 m,当速度加快时,支护效率最高可达100 min/1.6 m,最低时效率值为150 min/1.6 m(表7-10)。

表7-10　掘进的约束条件

序号	环节	指标	下限值	典型值	上限值
31	掘进切割机运行	切割时间	30 min/次	45 min/次	50 min/次
32	顶板支护	支护效率	100 min/1.6 m	120 min/1.6 m	150 min/1.6 m
33	两帮支护	支护效率	100 min/1.6 m	120 min/1.6 m	150 min/1.6 m

4. 通风作业链

在与通风科进行多次访谈后得到通风作业链中重要的四项测试因子,即防突测试因子、粉尘测试因子、风量测试因子和地质测试因子,每一个因子值都有一个指标值:当因子值超过指标值时,处于危险作业;当因子值未超过指标值时,处于安全作业,这意味着通风科中的各项因子没有明确的典型值、下限值和上限值(表7-11)。

表 7-11 机电的约束条件

序号	环节	指标	下限值	典型值	上限值
51	主井提升	人数	1 人	10 人	38 人
52	主通风机运行	风量	193 m³/s	222 m³/s	331 m³/s
53	架空乘人装置运行	速度	1 m/s	1.1 m/s	1.7 m/s

5. 机电作业链

在机电作业链中,主井提升环节中的常见人数为 10 人,最少可为 1 人,最多可达 38 人;主通风机运行的风量一般情况下是 222 m³/s,当其运行速度降低时,风量减少到 193 m³/s,当其运行速度增加时,风量最高可达 331 m³/s;同时,架空乘人装置运行的速度正常情况下为 1.1 m/s,当其运行速度下降时,最慢为 1 m/s,当运行速度增加时,最快为 1.7 m/s(表 7-12)。

表 7-12 约束条件汇总

序号	环节	指标	下限值	归一化	典型值	归一化	上限值
11	入原煤仓	储煤量	0 吨	0	4000 吨	1.75	7000 吨
12	产品入洗和脱水	入洗脱水量	0 吨	0	2500000 吨	1.2	3000000 吨
15	煤泥水处理	处理量	0 吨	0	7500000 吨	1.2	9000000 吨
21	转载采煤机运行	开机率	75%	0.88	85%	1.12	95%
22	过机头尾	时间	0.8 h/刀	0.8	1 h/刀	1.2	1.2 h/刀
23	检修支护	时间	5 h/刀	0.83	6 h/刀	1.17	7 h/刀
31	掘进切割机运行	切割时间	30 min/次	0.67	45 min/次	1.11	50 min/次
32	顶板支护	支护效率	100 min/1.6 m	0.83	120 min/1.6 m	1.25	150 min/1.6 m
33	两帮支护	支护效率	100 min/1.6 m	0.83	120 min/1.6 m	1.25	150 min/1.6 m
51	主井提升	人数	1 人	0.1	10 人	3.8	38 人
52	主通风机运行	风量	193 m³/s	0.87	222 m³/s	1.49	331 m³/s
53	架空乘人装置运行	速度	1 m/s	0.9	1.1 m/s	1.55	1.7 m/s

（三）进行各价值链因子优化

1. 洗选加工作业链

根据实地调研，一矿洗煤厂给出了如下数据。

2022年1月份洗煤厂入洗原煤231 500吨，在处理煤泥水690 000吨后，洗出煤的产品总量为125 231吨；2022年2月份洗煤厂入洗原煤206 886吨，在处理煤泥水610 000吨后，洗出煤的产品总量为110 650吨；2022年3月份洗煤厂入洗原煤246 536吨，在处理煤泥水720 000吨后，洗出煤的产品总量为125 728吨；2022年4月份洗煤厂入洗原煤255 060吨，在处理煤泥水750 000吨后，洗出煤的产品总量为137 131吨；2022年5月份洗煤厂入洗原煤243 720吨，在处理煤泥水720 000吨后，洗出煤的产品总量为138 651吨；2022年6月份洗煤厂入洗原煤200 851吨，在处理煤泥水600 000吨后，洗出煤的产品总量为110 286吨；2022年7月份洗煤厂入洗原煤180 482吨，在处理煤泥水540 000吨后，洗出煤的产品总量为93 446吨；2022年8月份洗煤厂入洗原煤166 189吨，在处理煤泥水480 000吨后，洗出煤的产品总量为86 921吨；2022年9月份洗煤厂入洗原煤192 201吨，在处理煤泥水570 000吨后，洗出煤的产品总量为107 625吨；2022年10月份洗煤厂入洗原煤215 398吨，在处理煤泥水640 000吨后，洗出煤的产品总量是215 398吨；2022年11月份洗煤厂入洗原煤212 356吨，在处理煤泥水640 000吨后，洗出的煤量是212 356吨；2022年12月份洗煤厂入洗原煤为196 409吨，在处理煤泥水600 000吨后，洗出的煤量为196 409吨；2023年1月份洗煤厂入洗原煤231 059吨，在处理煤泥水690 000吨后，洗出的煤量231 059吨；2023年2月份洗煤厂入洗原煤107 392吨，在处理煤泥水330 000吨后，洗出煤的产品总量为48 631吨；2023年3月份洗煤厂入洗原煤107 515吨，在处理煤泥水330 000吨后，洗出煤的产品总量为55 766吨；2023年4月份洗煤厂入洗原煤193 749吨，在处理煤泥水600 000吨后，洗出煤的产品总量为98 788吨；2023年5月份洗煤厂入洗原煤170 009吨，在处理煤泥水510 000吨后，洗出煤的产品总量为85 943吨；2023年6月份洗煤厂入洗原煤200 874吨，在处理煤泥水600 000吨后，洗出煤的产品总量为92 896吨。

根据数据进行模型拟合，得出了表7-13、表7-14、表7-15、表7-16、图7-3与函数式：

表7-13　洗选加工作业链已编码系数

项	系数	系数标准误	T值	P值	方差膨胀因子
常量	−0.1026	0.0890	−1.15	0.267	
X_{13}	0.262	0.250	1.05	0.311	7.06
X_{12}	1.075	0.233	4.62	0.000	7.06

表 7-14　洗选加工作业链模型汇总

S	R-sq	R-sq（调整）	R-sq（预测）
0.0710877	93.66%	92.82%	88.60%

表 7-15　洗选加工作业链方差分析

来源	自由度	Adj SS	Adj MS	F 值	P 值
模型	2	1.12025	0.560124	110.84	0.000
线性	2	1.12025	0.560124	110.84	0.000
X_{13}	1	0.00555	0.005549	1.10	0.311
X_{12}	1	0.10776	0.107759	21.32	0.000
误差	15	0.07580	0.005053		
失拟	12	0.05330	0.004442	0.59	0.778
纯误差	3	0.02250	0.007500		
合计	17	1.19605			

表 7-16　产品入洗量与煤泥水处理量的异常观测值的拟合和诊断

观测值	Y_{13}	拟合值	残差	标准化残差	
3	1.4000	1.3930	0.0070	0.52	X
18	1.0400	1.1802	−0.1402	−2.04	R

综上，得出的洗煤量与回归方程：$Y_{洗选加工} = -3.437 + 0.779 X_{13} + 3.053 X_{12}$

根据图 7-3 所示，洗选加工价值链中只有产品入洗量与其产煤量具有相关性，煤泥水处理因子与其毫无关系，所以可以对产品入洗因子进行优化，由于产品入洗的限值为 2 500 000 ~ 3 000 000 吨/年，所以当入洗量为 3 000 000 吨/年时，洗出煤的产品总量最优。

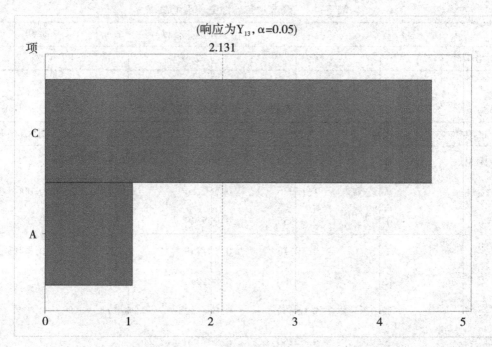

图 7-3　产品入洗量与煤泥水处理量标准化效应的 Pareto 图

2. 采煤作业链

在对采煤科的数次调研后,其提供了如下数据。

2023 年 1 月份,一矿采煤科在转载采煤机运行开机率为 86% 的时候,过机头尾时间共花费 30 h,检修支护时间花费 6 h 时,采煤量为 6.28 万吨;2023 年 2 月份,采煤科在开机率 85% 时,过机头尾时间花 33 h,检修支护时间共为 180 h 时,采煤量为 5.32 万吨;2023 年 3 月份,采煤科在机器开机率为 87% 时,过机头尾时间为 30 h,检修支护时间在 180 h 时,采煤量为 6.66 万吨;2023 年 4 月份,采煤科在开机率 81% 时,过机头尾时间为 36 h,检修支护时间为 195 h 时,采煤量达到 4.21 万吨。

根据上述数据进行数据拟合,得出了表 7-17、表 7-18、表 7-19、图 7-4、表 7-20、表 7-21、表 7-22、表 7-23、图 7-5 与函数式:

(1)采煤量与转载采煤机开机率的关系。

表 7-17　转载采煤机开机率已编码系数

项	系数	系数标准误	T 值	P 值	方差膨胀因子
常量	0.9663	0.0312	30.94	0.001	
X_{21}	0.2202	0.0391	5.64	0.030	1.00

表7-18　转载采煤机开机率模型汇总

S	R-sq	R-sq（调整）	R-sq（预测）
0.0593305	94.08%	91.11%	28.23%

表7-19　转载采煤机开机率方差分析

来源	自由度	Adj SS	Adj MS	F 值	P 值
模型	1	0.111812	0.111812	31.76	0.030
线性	1	0.111812	0.111812	31.76	0.030
X_{21}	1	0.111812	0.111812	31.76	0.030
误差	2	0.007040	0.003520		
合计	3	0.118852			

综上,得出采煤量与转载采煤机开机率关系的回归方程:$Y_{采煤} = -5.2 + 6.24X_{21}$

根据图7-4所示,采煤作业量与转载采煤机运行相关性很大,可以进行优化。由于转载采煤机运行速率的限值为 75% ~ 95%,所以当其速率为 95% 的时候,采煤作业量最优。

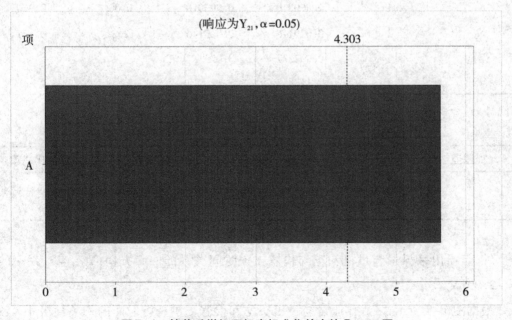

图 7-4　转载采煤机开机率标准化效应的 Pareto 图

(2)采煤量与过机头尾与检修支护时间的关系。

表7-20   过机头尾与检修支护时间已编码系数

项	系数	系数标准误	T值	P值	方差膨胀因子
常量	0.9709	0.0299	32.45	0.020	
X_{23}	0.0036	0.0573	0.06	0.960	4.13
X_{22}	−0.2091	0.0598	−3.49	0.177	4.12

表7-21   过机头尾与检修支护时间模型汇总表

S	R-sq	R-sq(调整)	R-sq(预测)
0.0488547	97.99%	93.98%	*

表7-22   过机头尾与检修支护时间方差分析

来源	自由度	Adj SS	Adj MS	F值	P值
模型	2	0.116465	0.058233	24.40	0.142
线性	2	0.116465	0.058233	24.40	0.142
X_{23}	1	0.000010	0.000010	0.00	0.960
X_{22}	1	0.029146	0.029146	12.21	0.177
误差	1	0.002387	0.002387		
合计	3	0.118852			

表7-23   过机头尾与检修支护时间的异常观测值的拟合和诊断

观测值	Y_{23}	拟合值	残差	标准化残差
2	0.9673	0.9673	0.0000	*
4	0.7655	0.7655	0.0000	*

综上,得出采煤量与过机头尾与检修支护时间关系的回归方程:$Y_{采煤} = 3.18 + 0.09 X_{23} − 2.091 X_{22}$

根据图7-5所示,采煤作业量与过机头尾和检修支护运行时间的相关性极小,无法得出最优解。

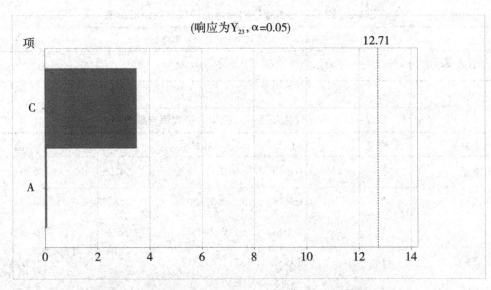

图 7-5　过机头尾与检修支护时间标准化效应的 Pareto 图

3. 掘进作业链

在对掘进科进行专家调研后，其提供了关于掘进科戊 8-31180 风巷 6 零点组在 2023 年 6 月的进尺情况（表 7-24）。

表 7-24　掘进科戊 8-31180 风巷 6 零点组在 2023 年 6 月的进尺情况表

日期	1 号	2 号	3 号	4 号	5 号	6 号	7 号	8 号	9 号	10 号
零点	3.2	4.8	4.8	2.4	3.2	4.8	4.8	4.8	3.2	2.4
班组	胡	张	周	胡	张	周	胡	张	周	胡
日期	11 号	12 号	13 号	14 号	15 号	16 号	17 号	18 号	19 号	20 号
零点	4.8	4	4	4.8	5.6	4.8	4.8	6.4	4	5.6
班组	张	周	胡	张	周	胡	张	周	胡	张

根据上述提供的数据进行数据拟合，得出了表 7-25、表 7-26、表 7-27 、表 7-28、图 7-6、图 7-7、图 7-8。

表 7-25　掘进切割机运行时间与支护效率已编码系数

项	系数	系数标准误	T 值	P 值	方差膨胀因子
常量	0.9492	0.0174	54.48	0.000	
X_{32}	−0.2167	0.0290	−7.48	0.000	1.88
X_{31}	−0.1661	0.0270	−6.15	0.000	1.88

表7-26　掘进切割机运行时间与支护效率模型汇总表

S	R-sq	R-sq(调整)	R-sq(预测)
0.0598256	94.56%	93.92%	92.30%

表7-27　掘进切割机运行时间与支护效率方差分析

来源	自由度	Adj SS	Adj MS	F值	P值
模型	2	1.05678	0.528388	147.63	0.000
线性	2	1.05678	0.528388	147.63	0.000
X_{32}	1	0.20048	0.200477	56.01	0.000
X_{31}	1	0.13532	0.135317	37.81	0.000
误差	17	0.06084	0.003579		
失拟	16	0.06084	0.003803	*	*
纯误差	1	0.00000	0.000000		
合计	19	1.11762			

表7-28　掘进切割机运行时间与支护效率的异常观测值的拟合和诊断

观测值	Y_{32}	拟合值	残差	标准化残差	
18	1.4700	1.3320	0.1380	2.55	R

综上,得出掘进量与掘进割煤机运行时间和支护效率关系的回归方程:$Y_{掘进量} = 2.818 - 1.111 X_{32} - 0.791 X_{31}$。

根据图7-6所示,掘进作业量与掘进割煤机运行时间和支护效率均有相关性,可以求取最优解。

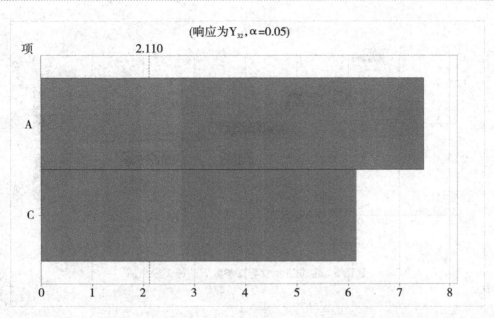

图 7-6　掘进切割机运行时间与支护效率标准化效应的 Pareto 图

根据图 7-7 和图 7-8 所示,当掘进切割机运行时间为 30.375 min/次,顶板及两帮支护效率在 102.84 min/1.6 m 时,掘进量可达最优。

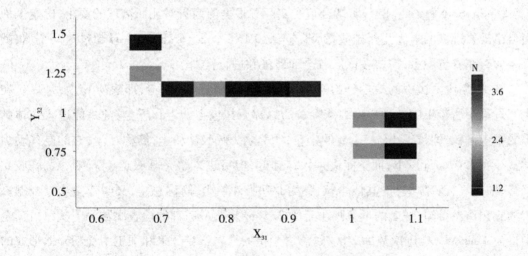

图 7-7　掘进进尺量与掘进切割机运行时间的区间散点图

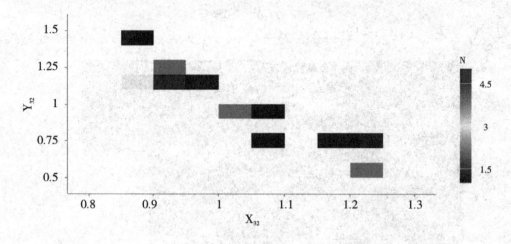

图7-8 掘进进尺量与支护效率的区间散点图

4. 通风作业链

在多次与一矿通风科专家交流后，收集到了通风价值链中最重要的4个测试因子的指标值。

首先，防突测试中最重要的是瓦斯治理，根据国家要求，瓦斯排放量指标为：$Q = 4.5$ L/min；$S = 6$ kg/m。但一矿结合自身实际并根据河南省对瓦斯治理的要求，确定了他们自己需要遵循的最优瓦斯排放量，即 $Q = 4.0$ L/min；$S = 6$ kg/m，一旦超过这两个值，就意味着存在安全隐患，需要在该区域全面停工并进行瓦斯治理。

其次，粉尘测试中的粉尘分为煤尘和岩尘，煤尘指的是煤粉，即煤矿粉尘，是煤矿在生产过程中所产生的各种矿物细微颗粒的总称。其包含全尘和呼尘：凡是能进入人体肺部的粉尘微粒，即粒径小于 5 μm 的尘粒，均称之为呼吸性粉尘，简称呼尘，它的空气动力学直径在 7.07 μm 以下；而不能进入人体肺部，但可进入整个呼吸道（鼻、咽、喉、胸腔支气管、细支气管和肺泡）的其他尘粒，称为非呼吸性粉尘，简称总尘，又叫作全尘。根据多次测验和访谈得知，一矿的最优呼尘量为 2.5 mg/m³，最适宜的检查次数为 1 次/月；其全尘量为 4 mg/m³，检查次数为 2 次/月。岩尘指的是岩石在开采和加工中受粉碎而形成的细微颗粒，其包含全尘和呼尘，一矿的岩尘中最优全尘量为 1 mg/m³，检查次数为 2 次/月；岩尘呼尘量最优值为 0.7 mg/m³，检查次数为 12 次/月。

再次，在风量测试中，专家提出该行为主要目的是为了将巷道里的风量配足，目前一矿测量出对于经常使用的巷道最优的风量值为每个人 4 m³/min，对于几乎不使用的巷道不需要配风量，这样能够使得风量得到最优化利用。

最后，关于地质测试方面，地质测量中最重要的一步是必须对揭露的煤层、断层、褶皱、岩浆岩体、陷落柱、含水岩层、矿井涌水量及主要出水点等进行观测及描述,在综合分析后对地质实施预测,根据预测出的地质种类和煤层厚度的不同,用不同的方法进行煤炭开采,如断层处的薄及中厚煤层,一般运用单一长壁采煤法;褶皱处的厚煤层,可以采用分层长壁采煤法等。

5. 机电作业链

在多次对机电科进行专家调研之后,明确了机电作业链中的各项因子活动是同时进行的,所以无法提供准确的链条数据进行拟合优化,但专家针对当前机电科的状况,提出了如下几条优化建议。

首先,机电科最需要对耗电量进行优化。一方面,要提高现场司机的个人素质,减少设备空转现象。在机电作业链中,为了减少机电科的能源消耗,在物料运送完毕后,需要立即关闭设备。然而,现场司机更加倾向于不下车操作设备按钮,这会导致设备持续运转而产生不必要的能源浪费。因此,机电科应该针对该现象为现场司机提供系统的培训和教育,包括相关的专业知识、操作技能和安全意识的培养。同时,要完善现场管理制度,加强对司机的日常管理。定期进行现场巡检和督导,及时解决问题和纠正行为,在实际操作中加强对司机的指导和监督,提高其责任心和工作积极性。另一方面,一矿需要取消调度室设备运输时间与工资挂钩的制度,建立科学的调度制度,避免设备超负荷、高耗能运转。此外,机电科应多利用地下煤厂储煤,达到一定量后集中出煤,减少"大马拉小车"现象的出现,有利于降低机电科皮带出煤耗电量。

其次,机电科要对材料费进行优化。一方面,机电科要对已有的设备加强检修,减少租用次数,从而降低机电科的材料使用费。另一方面,机电科要提高购买产品的质量。在购买机电设备之前,机电科要仔细研究产品的规格和标准,确保产品符合需求和要求;在购买设备之时,采购者要与供应商明确产品质量保证的细节,例如质量保证期限、产品维修和售后服务等;在购买产品之后,机电科要对产品进行可行性验证、功能测试和性能检验,确保产品符合预期要求。

最后,事故率也是机电科非常注重的一个指标。一方面,机电科需要提供全面的安全培训,使员工充分了解机电设备的正确操作方法、安全规程和程序。与此同时,要建立健全机电科安全管理体系,包括制定和执行有效的安全政策、流程和标准,确保所有操作按照规定的程序进行工作,加强对安全操作的监督和审查。另一方面,机电科要加强对机器检修的频率,定期进行设备的检查、维护和保养,注意潜在的故障点,及时排查隐患,确保机电设备的正常运行和安全性能。

第三节 基于价值链分析的平煤股份一矿
未来持续增盈的路径分析

基于上一节价值链的分析,一矿在未来思考转型战略的过程中,需要彻底扬弃过去盲目规模化发展的误区,应该在坚持"稳产量、抓煤质"的基础上,适当延长产业链,增加附加产品;应该在进行"主辅分离"战略规划时,严格控制煤炭生产过程中的能源和物品耗损,对成本进行优化;应该积极克服自身惰性,在技术创新和管理创新的基础上,摸索一矿的高质量发展之路。

一、管控采掘接续紧张,稳定产量

根据一矿目前的经营形式,为了保障其实现下半年"高产高效进尺"的目标,必须要保证一矿采掘正常接替,从而稳定产量。

1. 提高薪资待遇,建立激励机制

由于一矿的地下采掘环境较为恶劣、工作辛苦,但工资待遇相比于其他盈利性矿井来说并不够优厚,所以导致采掘工作队非常缺一线工人。这就需要一矿根据当前工资标准和行业情况,合理提高采掘工人的工资待遇,可以考虑加薪、奖金计划、绩效奖励等方式。同时,一矿可以对采掘工人实行激励机制,在班组之间开展劳动竞赛、创新架棚施工工艺等,建立奖励制度,这可以吸引员工进入一线进行采掘工作,激励员工积极参与采掘工作。

2. 优化采掘布局、设计及安排

一矿要深入推进"一优三减"和四化建设,不断优化矿井生产系统、生产布局、工程设计和人员配置,实现减头减面,推进智能化矿山建设,加强技术管理,在采掘工作开始前,一矿要对采掘工作的每个工作面进行充分的分析、研判,之后再对工期进行安排,确保准确的开工、完工日期,避免过早开工或过晚完工的情况,给一矿造成经营压力。在对采掘面进行设计时,一矿要召开专项会议对不同的工程设计进行评判,寻找出最合理的施工方案,之后设计人员要在例会上对设计进行讲解,根据他人提出的建议对不足之处进行优化,直到改进到大家都比较满意后,再开始对采掘接替进行安排。在安排采掘接替工作中,要避免采掘接替失调,在瓦斯治理工程上下功夫,高标准创建瓦斯治理巷"三供三

排"等基础条件,大幅提升单进水平,进而保证一矿下一轮的采掘接替工作有序进行。

3.立足长远,转变思想

一矿需要为采掘工人提供培训和技能提升的机会,举办培训课程,由公司专业人员进行授课,让他们明确采掘的目的是采煤,不要一味地以掘进米数作为衡量标准,要以圈定的储量为标准。同时,一矿要为采掘部门员工提供与创新开发相关的培训课程,使员工在保证采掘接替正常的情况下,积极主动开发三水平戊二采区排矸系统,实现煤矸分运,使一矿达到保煤质、稳产量、增效益的目标。

二、严抓煤质,促进效益提升

为了保证一矿做好转型升级,改革增盈,要使其树牢"保煤质就是保饭碗"的理念,将始终把管好煤质作为经营的重中之重。

1.建立煤质管理体系

一矿的煤质料要在坚持以往行之有效的管理基础上,建立适应新发展要求的"三全"煤质管理体系,改进传统工艺,优化设备选型,科学合理配采,坚持煤矸分运,实施回填开采,细化现场管理,严肃考核奖惩,力争使得外来灰分量控制在3%以内,毛煤灰分量控制在20%以内,水分控制量在6%以内,为降本增效和精煤加工打下坚实基础。

2.深化洗选工艺研究,提升精煤产率

一矿要科学稳控精煤质量,发挥比较优势,积极培育并开发潜在的新兴市场,做强1/3焦精煤的品牌,为一矿矿井可持续转型发展提供市场保证。同时,必须加大力度,深入研究并应用薄煤层开采技术,紧跟集团的智能化发展战略,致力于构建一个智能化与自动化相结合的综合机械设备布局系统。通过汲取兄弟矿井——平煤八矿、平煤十三矿等在这方面的成功经验,实现薄煤层及大埋深高瓦斯地质条件下的安全、高效智能化开采。

三、增加附加产品,延长产业链

随着一矿煤炭产业的不断改革,其产业链逐渐加长,在一矿推行"主辅分离"后,依托煤炭产业的前端、终端关联产业不断出现,例如PVC材料焊接加工产业、矿用锚杆自动生产线等。这些新产业的出现形成了区域产业,使得煤炭企业经济持续向好发展,推动煤炭企业高质量发展。

1. 解决上下游纵向供应链

一矿延长产业链要解决上下游纵向供应链的问题，这需要以一矿的需求为中心补链强链，建立"链长制"，发挥好"链办"的协调作用，根据一矿的内部优势进行重点产业的建设和打造，引进相关联的配套产业从而形成产业集群和产业园区，这样就能使一矿成为同时掌握两个产业链环节或更多环节的企业，使其竞争力更强，盈利性也更强。如果一矿既掌控了原创知识产权、原材料，又在一定程度上掌握了企业的销售端，则会进一步提升其竞争力。

2. 重视动态产业集聚效应

产业集聚是实现动态比较优势的重要途径。企业在空间上的邻近、组织关系的接近与社会关系的亲近，有利于集聚在一起的企业相互合作，并获得外部性效应的好处。例如一矿将其上下游企业集聚在同一空间，可以很大程度上节约运输成本，并且利于长期合作伙伴关系的建立，促进一矿技术层面的扩散与创新；通过加深加强关联，可以降低一矿的研发及生产成本，从而促进跨领域的合作。同时，一矿还可以依托现有的产业链，通过同一空间内的上下游产业关联，进而延长、打造该地区所没有的生产环节，促进一矿转型升级、提质增效和高质量发展。

四、加快主辅分离

为统揽全局，统筹协调相关各项改革资源，从更高层面、更深层次实质性推进一矿的改革，一矿应该加快实施主辅分离的步伐。

1. 完善内部市场基础运行体系

按照项目预算、指标捆绑、对标定价、平台结算、绩效挂钩方式，继续完善主辅业内部市场化运行细则及流程，规范完善内部市场化规则，形成党委领导下的一矿购买一矿实业管理部服务的内部市场化交易形式。在此过程中，必须明确并完善价格制定、成本管控、验收评价的人员构成和规章制度，优化一矿的管理机制，并尽早建立一矿自己的供应商和客户管理档案，为一矿之后的发展打下扎实的基础。

2. 继续打造内部不同要素特色市场

一矿要持续扩大技术攻关市场，激励调动自主修理、技术攻关的积极性，能自己修坚决不外修；一矿要持续深化内部达标工程和零星工程的市场，持续开展内部市场化工程项目承揽活动，能自己干的坚决不外委；一矿要不断完善内部劳务市场，鼓励员工"一专多能"，在原有工作的基础上，闲暇之余可承接辅助业务工作，如坑木场木料、片网卷网的装卸等。这些措施不仅能够大幅度节约一矿的费用支出,减少企业成本,而且可以为一矿培育出一大批优秀技能人才。

3. 闲置资产盘活,建立信息化管理

一矿可以通过挂牌出让、承包出租、公开拍卖、合作开发等方式,将年久闲置设备设施等物资进行处置。同时一矿应该建立物资管理信息系统,对库存闲置物品进行合理高效的编排,这有利于提高一矿处理历史账目积压问题的效率,尽快明确欠款责任方,从而能够高效追回欠款。

五、严控物耗,优化成本

一矿当前在材料、水电及修理方面花费较多,呈现上涨态势,这增加了一矿的运营成本,降低了一矿的盈利能力,不利于一矿的发展。

一矿在 2020—2022 年期间,材料费、电费、修理费及其他方面的支出成本逐年增长,占比也逐年增加(表 7-29),这表明一矿的节流举措还未达到最优,经营压力和过紧日子思想还没有有效传递给基层干部职工及区队班组。

表 7-29　一矿 2020—2022 年三年成本占比对比

项目	2020 年		2021 年		2022 年	
	成本	结构(%)	成本	结构(%)	成本	结构(%)
材料费	8868.39	6.05%	17 736.69	8.65%	16 071.84	8.42%
工资及附加	41 848.77	28.54%	81 976.27	39.96%	79 807.24	41.82%
电费	4880.10	3.33%	9750.10	4.75%	11 325.87	5.93%
租赁费	12 667.23	8.64%	11 158.61	5.44%	11 220.29	5.88%
修理费	126.94	0.09%	968.22	0.47%	2809.93	1.47%
财务费用	28 054.43	19.13%	24 228.41	11.81%	25 569.15	13.40%
安全费用	22 400.00	15.28%	21 714.00	10.58%	22 687.53	11.89%
水气污	1624.46	1.11%	1795.67	0.88%	1723.79	0.90%
其他	26 144.65	17.83%	35 815.55	17.46%	35 694.95	18.70%
总成本	46 614.98	100%	205 143.52	100%	206 910.68	100%

为了降低一矿运营成本,提高盈利能力,一矿应该从以下几方面做起。

1.严控物耗,推行班组管理

一矿在面对材料、电费等涉及面宽的费用时,可以在实施分队考核的基础上,再一次划小核算单位,推行班组计量管理与考核,提高班组材料使用、回收、管理的主动性,建立健全各类物资台账,用好一键查询物资设备网络系统,合理调剂物资设备,实行月对账双考核,加大循环使用的奖励力度,扩大修理和修旧利废内部化运作。

2.精细化管控工序流程,降低成本

一矿的各辅业单位需要加强"节约一分钱就增一份利"的经营理念,通过精细化管控工序流程来定额降低成本,从多方面节支增收。如洗煤厂围绕介质、水电等主要可控成本挖掘降本潜能。首先,可以加大介质回收管理,及时清理脱介筛筛板、疏通喷水管、清理磁选机,提高介质的回收再用率;其次,洗煤厂可以加大清水管控,分别采取缩小管径、改用循环水等措施,确保每日清水用量控制在 600 立方米以内;最后,洗煤厂需要加大自修力度来节约资金。与此同时,洗浴中心可以积极调整热源,将洗浴用水由蒸汽调整为热水,进一步降低热费成本;洗浴中心还可以安排专人记录每天拉热水的情况,根据热水温度合理调配凉水比例,调整淋浴水箱水位等措施,有效降低水费成本,减少无效费用的支出,提高资金的有效使用率。

六、加强制度创新,增强企业竞争力

通过对一矿脱困增盈的路径分析,发现了制度创新有助于提高一矿的运营效率,加强企业竞争力和可持续发展能力。在这种情况下,一矿要想走出属于自己的道路,就必须从以下这两方面进行创新。

1.对标淮北,加强制度创新

淮北矿业的成功经验为其在传统产业转型的道路上打下了坚实的基础。其发展战略的核心在于坚持煤炭主业、多元化发展的模式,不断拓展产业链条,由企业只关注煤炭一个领域,转变到聚焦煤炭主业、新材料、新能源、新型建筑和现代物流 5 大领域,促进了淮北矿业朝着高科技、高附加值的方向快速转型。此外,淮北矿业还非常注重现代化技术的应用,通过"云端大数据"建设智能矿山,实现了智能化生产,降低了企业的煤矿事故率,进一步提升了运营效率和生产效益。在此背景下,一矿可以借鉴淮北矿业的经验,要坚持"依托煤炭、延伸煤炭、超越煤炭"的发展战略,推动煤炭产业强链,新兴产业补链,积极发展可降解材料、煤系高岭岩高品质多元化综合利用、光伏发电、装配式钢结构智能建造、驰放气制氢项目等战略性新兴产业。另外,一矿要坚定不移地走智能化开采之路,学

习淮北矿业以"云端大数据"开启智能化矿山新模式,积极建立智能化煤矿、智能化采煤和掘进工作面、智能选煤厂等,同时还需要建设智慧矿山的信息化平台,由此集成数据和信息,有利于提升一矿的智能化水平,推进一矿的科技制度创新。

2. 创新质量标准,拔高"质量关"

国家级标准和集团规定标准,均是针对大部分企业的常规标准,达到这一标准并不意味着"高质量",只表明"质量过关",所以,一矿可以根据自身实际情况,结合国家和行业标准,制定更为严格的标准,来提升自己的产品质量,以实现更高的产品质量水平。为了制定个性化标准,一矿可以充分考虑自身的特点和行业发展趋势,结合客户要求,研究新材料的生产过程、设计要求、工艺流程、辅助设备等方面,开展多项质量改进工作。例如,一矿可以建立完善的质量体系和质量管理制度,制定产品质量保证计划和监控体系,对生产过程进行精细化管理,确保每个工序的质量;除此之外,一矿还可以建设质量管理团队,加强质量控制与检测手段,定期进行内部质量体系审核与评估,从而提高一矿的生产效益和市场竞争力。

七、注重人才培养,提升创新活力

通过对一矿脱困增盈战略内容的措施分析,发现高素质人才对一矿的可持续发展起到了积极的作用。一矿的高质量发展离不开高素质人才,要想充分发挥第一资源人才的作用,一矿就必须从以下几个方面着手。

1. 引进技术人才

技术人才往往对有挑战性的任务和优越的工作条件有着很高的期望。因此,为了吸引人才,一矿应该提供具有竞争力的薪酬和福利,即灵活的工作时间,高端的设备和硬件设施以及不断更新的培训和学习机会。与此同时,一矿要将技术路线决定权和使用权赋予高素质人才,拓展科研管理的"绿色通道",使技术人才可以利用其专业技能和知识,根据市场和用户需求,改进或重新设计已有的生产工艺,或者引入新的技术,不断提升企业竞争优势。

2. 注重企业内员工培养

一矿要根据每位员工的独特需求和技能水平,量身定制个性化的职业规划。通过了解每个员工的兴趣和能力,一矿提供相应的岗位发展机会,以激发员工的潜力并满足其职业发展需求。此外,一矿需要持续关注市场和行业的动态,并及时为员工提供针对性的培训课程和资源。为了更好地满足员工不同的需求和差异性,一矿提供多种培训形式,如面对面培训、远程在线培训和混合式培训。在培训课程结束后,一矿要将实操训练视为至关重要的环节,实现理论与实践的有机结合,使员工能够在实际工作中运用所学知识。此外,一矿还要组织相关的技能竞赛,推动员工评选出首席技术专家、首席技能大师、首席技师和首席技工,构建具有一矿特色的工人技术创新联盟。这些举措有助于激发员工动力,提高他们的工作热情和投入度,进而提升一矿的生产效率。

3. 加强人员绩效改革

一矿需要结合组织架构和业务战略,采用绩效管理理念中的"目标导向,绩效评价,激励措施,全员参与"来制定适合自身的绩效指标、绩效标准和绩效考评制度。例如,一矿可以建立健全灵活高效的科技创新考核奖励机制,组织首席技师和技能拔尖人才评选活动。通过基层矿井推荐和企业综合审定,选拔出杰出的技术人员,每月给予相应的经济补贴。此外,一矿也可以建立全面的反馈机制,将员工绩效管理与培训提升计划紧密结合,积极使用积分制度,用于量化考核员工的个人能力、工作表现和行为,只有达到一定积分要求的员工才能考虑晋升。这些措施有利于员工对自己提出更高的要求,激发员工动力,提升员工创新精神,使员工和企业目标更加紧密地结合起来。

八、完善科技创新机制

通过对一矿陷入经营困境的外部因素分析,发现了科技创新对提高一矿的核心竞争力和生产力起到了积极的作用。一矿要想增强企业的科技创新能力,必须从以下两方面做起。

1. 完善科技成果管理和评价机制

一矿要加快科技管理职能转变,营造科技创新环境,减少企业内部对项目的直接干预等,给予一矿内部科研人员更多自主权,推行课题长负责制,实行"揭榜挂帅""赛马"等制度。此外,一矿要严格按照科技成果的价值和社会效益构建科技成果评价体系,加强技术创新管理,注重科技成果的规范化、标准化、产品化、实用化等方面的改进。这些措施能够促进一矿的技术创新和知识创新,推动一矿高质量、可持续发展。

2. 大力发展智能化技术

为了确保一矿可持续发展,一矿应该积极推广应用新技术、新工艺、新设备、新材料。坚持支护技术及瓦斯治理技术向智能化方向转变,大力发展科技创新技术。例如,一矿可以在采掘过程中利用现代 VR 三维可视化技术,将矿山数据更清晰地展现在采掘工人面前,该技术能够将地测信息与实时数据相结合,为工人提供更准确的导航,为管理者提供更便利的决策支持。与此同时,一矿要根据瓦斯矿井的实际情况,在掘进工作面安装甲烷风电闭锁装置和甲烷报警断电仪,利用 KJ95 型煤矿综合监控装置对矿井瓦斯进行实时监测。此外,面对采空区,一矿应利用监测火灾标志气体自动控制调节抽放负压和流量的装置,以此解决矿井瓦斯抽放与自燃的矛盾。这些措施可以持续推动一矿智能化技术的创新和应用,提高一矿的生产效率和安全保障,从而提高一矿的核心竞争力。

第八章

平煤股份一矿脱困增盈
实践的经验与推广

本章对一矿实现脱困增盈的经验、经验应用的价值和适用场景进行了总结。在此基础上,为进一步化解煤炭行业的产能过剩、促进煤炭企业的脱困发展,提出推广一矿脱困增盈实践经验的建议。

第一节　平煤股份一矿脱困增盈实践的经验

本节将一矿实现脱困增盈的经验归纳为领导重视、以人为本、解放思想、改革创新 4 项关键要素。其他煤矿企业可以从这些经验中汲取启示,并加以借鉴。

一、领导重视是脱困增盈的保障

在集团领导、一矿领导两级领导班子的共同努力下,一矿落实了内部市场化改革、流程规范化管理、产品结构优化升级等改革措施,实现了脱困增盈。这为其他煤矿企业提供了克服改革阻力、实现脱困增盈的有益参考。

一方面,领导的重视能够带动企业员工思想认同和积极采取践行改革的行动。在经济增速放缓、能源结构不断优化调整的市场环境下,平煤股份领导和一矿领导逐渐意识到煤炭需求大幅下降对营业收入造成的不利影响。为推动一矿实现脱困增盈,平煤股份领导和一矿领导向全体职工传递改革的必要性,每季度至少进行一次分析研判意识形态工作,使员工思想上认同企业改革。另外,鼓舞员工的信心和士气,使得企业内部呈现出全员参与改革的强烈氛围。另一方面,领导的重视可以推进改革方案的落地和执行。针对平煤股份提出的脱困增盈改革思路,一矿领导因地制宜提出了改革方案,如制定了"大收入、大成本"管理体系、内部市场组织体系、《流程管理汇编》等,并对方案的执行情况进行跟踪和监督,及时发现问题并调整,使得改革方案获得预期效果。领导对于改革方案的切实推进,使得改革方案不仅仅是一个方案,更是落地执行的实际成果,这可为其他煤矿企业的脱困增盈政策实施提供参考经验。

二、以人为本是脱困增盈的出发点

一矿长期存在用工总量大、人员结构不合理、岗位工作量不饱满等问题。为解决这些问题,一矿充分考虑员工需求,从优化人员结构、精简职工数量、促进人员流岗等方面着手,加强人员管理,实现企业的可持续发展。为保证改革的顺利进行,其他煤炭企业也可借鉴一矿的成功经验。

第一,以人为本的理念有助于提高员工的获得感和幸福感,增强员工对企业的归属感和忠诚度。一矿在对各项工作实行全面计量和定价的基础上,采取了各种方式来加强对员工的正面激励,扩大员工的创收渠道,用收入来刺激员工,促进员工实现一岗多责、矿井精干高效,让员工有更多的获得感和幸福感。

第二,以人为本的企业改革可以激发员工的工作积极性和创造力,打破僵化的思维方式和工作模式,让员工在工作中有更多的自主权和参与感。例如,为了集中人才技术优势,一矿开展群众性技术创新活动,成立定价小组、维修鉴定小组、科技攻关小组等,自主攻克了控制线路板、高低压开关、传动滚筒、运输机刮板等维修技术难题,提高了工作效率。同时,一矿为技术创新活动提供各种奖励政策,激励参与创新的员工,这也间接提高了员工参与创新的积极性,体现了以人为本的改革理念。一矿以人为本的企业改革理念能够有效提高员工的工作积极性,增强员工对企业改革的认同感,是一种值得倡导和推行的企业发展理念。

三、解放思想是脱困增盈的重要法宝

为了激励全矿的干部职工进一步打破旧有的思想束缚,将他们的智慧和力量汇聚到企业脱困增盈的宏伟目标上,一矿举办了一系列富有成效的思想教育活动。通过这样的方式,不仅激发了广大职工的创造力和积极性,还增强了他们对实现脱困增盈目标的坚定信念。对于整个煤炭行业而言,一矿在解放职工思想方面的实践经验无疑提供了宝贵的启示。这向其他企业证明了,通过促进思想的解放与创新,可以推动企业战略的调整和执行力度的加强，从而助力企业实现经营上的突破和业绩上的提升。

解放思想可以动员员工把智慧和力量凝聚到加快矿井高质量转型发展、实现脱困增盈的目标任务上来。在煤炭企业体制和机制的变革中，员工考虑到改革可能带来的工作机会减少、收入减少、跳出舒适区等问题，有较强的抵触心理，这是改革顺利进行不可忽视的关键因素。在改革的过程中，一矿确保员工人均工资水平与经济效益同步提升，统筹兼顾企业发展与职工美好生活向往两项工作，凝聚强大的改革正能量。此外，一矿通过开展专题党课、学习研讨、主题党日活动、职工谈心会等思想教育活动，凝聚了一矿广大职工干部强大的正能量，改革思想认同感更加强烈，员工工作的积极性和主动性更高，企业更加有活力，而这是实现脱困增盈的重要一环。其他煤矿企业可以借鉴一矿的举措，从解放思想着手，提高员工改革认同感，助力企业脱困增盈。

四、改革创新是脱困增盈的有效办法

一矿以改革创新为核心驱动力，通过企业运行质量、效益效率和发展动力的深层次变革，逐步实现从规模效益型矿井向质量效益型矿井的战略转型，最终达到脱困增盈的目标。在实践中，一矿坚持全矿"一盘棋"思想，主动适应市场形势变化，以做强煤炭主业为突破口，强化源头管理，注重配煤配采，优化洗选加工流程，精心打造具有市场竞争力的一矿焦精煤品牌，从生产环节提升效益水平。同时，一矿注重创新发展路径，坚持市场导向，大力推动非煤产业优化升级，通过整合非煤业务资源，创新经营模式，不断提升非煤业务的创效能力，拓宽企业的盈利渠道。

在管理层面，一矿全面贯彻"以质量效益为中心"的经营理念，将全面预算管理作为改革的抓手，实时掌控预算执行情况，建立预算超支预警机制，不断完善指标考核体系，确保考核的科学性、专业性和针对性。通过收紧资金控制、优化资源配置、压缩非生产性支出等举措，有效提高企业的资金使用效率，为改革创新提供有力保障。同时在改革创新的过程中，一矿推进了三大工作机制并落实了五大保障体系，促进了各类要素之间的高效协同和有序运转，为提质增效提供全方位支持。一矿将改革创新融入生产经营的方方面面，以"六大领域"为抓手，紧紧围绕质量效益这一中心任务。通过聚焦生产接替、资源配置和产销协同三大稳产提效重点，整合人、机、环、管、信五大生产创效要素，从财务管理、思想引导、人员配置、产品结构优化、流程规范化和非煤创效六个方面开展深入工作。通过推动抽掘采工程衔接优化、人财物投入产出平衡、产供销动态协同，一矿在实现安全高效生产的同时，为脱困增盈攻坚奠定了坚实基础，充分彰显了改革创新的强大驱动力。

同时,一矿在改革创新过程中,注重科技创新,积极投身于自主研发和产学研合作,成功地开发出了一系列科技成果,帮助一矿打破了现有发展瓶颈,扭转了经营上的颓势,重新焕发了生机与活力。为了提高科技创新力度,一矿科研课题实行季度考核制,每年召开年度科技总结大会进行项目总结,保障了科研课题的顺利完成,提高了企业的生产效率和效益。而且平煤股份建立了国家实验室、研究院,一矿也建立了系统的人才培养平台和党建绩效考核机制,开发了技术人员发展通道,健全了人才发展激励机制。一矿通过科技创新和改革实践,成功实现了脱困增盈。为行业提供了宝贵的借鉴,证明了改革创新在提升企业竞争力、突破瓶颈方面的关键作用。

第二节　平煤股份一矿脱困增盈实践经验
应用的价值和适用情景

一、平煤股份一矿脱困增盈实践经验应用的价值

与一矿管理模式类似的煤矿企业在发展的过程中面临的经营困境与一矿是相似的。这意味着一矿在脱困增盈改革方面的经验,对其他煤矿企业的脱困增盈和快速发展有很大的借鉴作用。下面将更详细地说明在煤矿企业中应用一矿脱困增盈改革经验的价值。

1. 提供脱困增盈实践路径的借鉴

面对行业环境的转变和企业经营现状下行的压力,一矿通过综合选用脱困增盈方案,摆脱了经营困境。一方面,通过人员转岗、自主修理器械和盘活闲置资产等方式,缓解企业财务压力,为企业创造更多的资金流。另一方面,通过强化煤炭质量管理、提高科技创新力度、加大人才培养力度和优化管理机制等途径,使公司切实提高盈利能力,实现脱困增盈。通过学习和吸收一矿的成功经验,其他煤炭企业可以优化一矿的脱困增盈路径,自主探索适合自身企业的脱困增盈路线,促进产业转型升级,实现自身的可持续发展。

2. 提供脱困增盈实践精细化管理的借鉴

在一矿脱困增盈的过程中,精细化管理起到了非常重要的作用,主要体现在管控生产成本、人员成本、产品结构和管理机制等方面。首先,针对管控生产成本,一矿将技术融入生产设备,对煤炭生产设备进行改造,使得煤炭产能明显提升,生产流程也更加顺

畅。其次，针对管控人员成本，一矿制定下发《经营绩效考核办法（试行）》，推行"两个高质量"双百分综合考评体系等措施，提高了员工绩效和作业效率，同时也鼓励员工进行多能职业培训，累计降低人工成本约 5400 万元。再次，针对优化产品结构方面，一矿对产品进行了升级和转型，从动力煤升级为 1/3 焦精煤，全面提升了产品质量，提高了市场竞争力和盈利水平。最后，针对管理机制的优化，一矿深入推进中层管理人员的"四制"改革，针对不同性质部门制定人力资源优化方案，累计精简机构 42 个，提高了机构运行效率。其他煤矿企业可以学习一矿的精细化管理经验，结合自身实际情况，制定出科学合理的精细化管理改革举措，从而提高自身企业的市场竞争力和利润水平。

3. 提供培养具有多元化技能和团队合作精神的员工经验借鉴

在脱困增盈过程中，一矿重视员工的培训和发展，提供持续学习的机会，培养员工的专业能力。在实践中，一矿采取了以下措施：首先，一矿为员工树立"幸福是奋斗出来的，质量效益是干出来的，工资是劳动挣出来的"这一价值理念。其次，一矿举办多种形式的任务教育活动，如组织扭亏脱困"怎么看、怎么办、怎么干"大讨论活动，引导全矿干部职工树立过"紧日子"的思想，统一员工改革思想认识。最后，一矿通过团队建设、员工活动等方式，积极发扬"团结奋进、创新求实、深入挖潜、争创一流"的企业精神，激发员工的归属感和荣誉感，增强员工的向心力和团队合作精神，使员工更加积极地投身于企业的发展。对于其他煤矿企业来说，在今后的发展过程中可以参考一矿在员工培训方面的经验，定期组织内外部培训，举办教育活动，发扬企业精神，提高员工的专业能力和综合素质，培养具有多元化技能和团队合作精神的员工，从而让企业更加适应市场需求，更好地应对变化的市场环境，并在激烈的市场竞争中占据优势地位。

二、平煤股份一矿脱困增盈实践经验的适用情景

通过分析一矿实施脱困增盈相关措施时的企业状况和市场环境，总结出一矿脱困增盈改革实践的适用情景，主要有以下两个方面。

1. 企业类型：平煤股份所属的分公司

平煤股份在化解煤炭行业产能过剩、推动煤炭企业实现脱困增盈方面采取了一系列措施，并将这些措施应用于旗下的一矿，以帮助一矿脱困增盈，具体来说，总体脱困增盈方针包括人员安置工作、盘活存量资源、调整产业结构和深化企业改革等 4 个方面。一矿在执行这些方针时，推行了一系列措施实现脱困增盈，如推行内部市场化改革、实施规范化流程管理、建立了"大收入，大支出"管理体系、持续推进思想观念转变、强化煤炭质

量管理等。在实施脱困增盈措施的过程中，一矿也得到了平煤股份的全方位支持，包括资金、人员和技术方面的支持，这些支持帮助一矿开发了丁戊组煤洗选炼焦煤的新技术，推进了智能化矿山建设，从而摆脱了生产效率下降和市场竞争力低下的困境，提升了企业管理水平。

2.市场环境

一矿在经营过程中受到了多种外部因素的影响，比如煤炭行业供需不平衡、煤炭价格下跌、煤炭行业"去产能"政策的实施、节能减排的外在压力等，这些外部因素导致一矿的生产和经营呈现萎缩状态。为了解决这些问题，一矿采取了一系列与市场环境相适应的脱困增盈改革措施，如面对煤炭供需不平衡的问题，一矿进行了内部市场化改革，建立了内部工程、服务和产品交易市场。另外，一矿也重视煤炭行业"去产能"政策的实施，加大科研资金的投入，加强科研平台建设和人才队伍建设，进行技术升级和改造，提高生产效率和环保水平。通过这些举措，一矿逐渐推动了企业的安全生产、脱困增盈和高质量转型发展。

第三节　平煤股份一矿脱困增盈改革经验推广的建议

一、平煤股份一矿脱困增盈实践经验推广的方式

一矿脱困增盈改革经验可以通过以下方式进行推广，以帮助其他煤矿企业实现经营转型和脱困增盈发展。

1.举办经验交流会议

一矿可以将其脱困增盈改革的经验进行系统梳理和总结，通过行业交流会议、研讨会、论坛等平台，向其他企业分享成功的改革经验和实施过程中遇到的挑战和解决方案，这种经验分享有助于其他煤炭企业了解一矿的成功经验，并基于自身情况进行借鉴和应用。

2.编制脱困增盈改革指南

对一矿在脱困增盈过程中取得的成绩进行总结，并形成一套较为系统的脱困增盈指导方针，该指导方针详述了改革的步骤、方法和主要内容，可以向其他煤矿企业提供具体的操作指导，帮助他们在实践中更好地应用改革经验。

3. 成立合作联盟

一矿与其他有相似改革经历的煤炭企业建立合作联盟或协会，通过联盟的合作和资源共享，可以加强各企业之间的交流与合作，共同推进煤矿行业的脱困增盈改革。另外，联盟还可以开展共同研究、项目合作、信息交流等活动，推动整个行业的改革发展。

4. 指导和培训

一矿可以成立专门的专家咨询团队，为其他煤矿企业提供咨询和培训服务。专家咨询团队可以根据企业的具体情况，制定个性化的改革方案，并提供专门的实施培训，培训服务包括组织煤矿从业人员参与培训课程、研讨会或现场考察，从而加强其他煤炭企业的操作技能。

5. 媒体宣传和知识传播

利用各种媒体平台，包括报纸、杂志、电视、网络等，宣传一矿的脱困增盈经验。宣传过程中，媒体可以详细描述一矿在面对市场价格不稳定、煤炭供需不平衡等外部不确定环境时所采取的应对措施和取得的成果。同时，可以邀请一矿的管理团队和专家撰写脱困增盈专栏，分享他们的经验和见解，将这些经验传播给更多的煤矿企业和相关从业人员。

二、平煤股份一矿脱困增盈实践经验推广的基本原则

煤炭企业脱困改革，系统性强，工程巨大，包容内容复杂，更牵涉企业员工、投资者和消费者等内外部利益相关者的切身利益。因此，在实际的推广中应坚持以下原则。

1. 因地制宜原则

在改革的过程中，一矿针对企业经营困境成因落实了推行内部市场化改革、实施规范化流程管理、持续推进思想转变、优化升级产品结构、加强人员绩效管理、提高科技创新力度等措施，成功实现了脱困增盈。经营困境问题是许多煤矿企业普遍存在的共性问题。然而，其他煤矿企业要想真正将这些经验转化为自身发展的动力，必须对自身的具体情况进行深刻剖析，明确企业的核心竞争力所在，以及所处的市场环境和产品定位。只有全面了解并精准把握这些关键因素后，才能有针对性地采取措施，优化资源配置，提升管理效能，从而实现持续健康的经营发展。因此，从这意义上讲，尽管一矿的改革路径值得借鉴，但每个企业都应根据自身的独特性来制定适合自己的战略方针，以确保在激烈的市场竞争中稳步前行。

一方面，煤矿企业需要根据自身的实际情况，确定是否适合采用一矿的脱困增盈改

革经验。每个企业所面临的问题和挑战有所不同,所需的应对措施也会不同,因此需要在全面了解自身情况的基础上,判断一矿的改革经验是否能够有效解决企业目前的困境。另一方面,推广的方式和方法需要因地制宜。一矿的脱困增盈改革经验是宝贵的,但并不意味着其他煤矿企业可以直接照搬。地区政策的不同、地区市场环境的不同、股份或者集团领导层的不同,都会使得企业之间存在着差异性,这意味着在借鉴一矿经验的过程中,需要根据具体情况进行调整和定制化,如可以通过深入的市场调研和分析,了解目标市场的特点和需求,制定切实可行的改革方案。

2. 系统性原则

一矿的脱困增盈改革措施考虑了导致企业经营困境的内外部因素,包括人员结构失衡、技术创新不足、煤炭供需不平衡等方面,并将这些方面进行有机整合,形成一个协同作用的整体。因此,其他煤矿企业脱困改革也要全面考虑煤炭企业内外部环境的各个方面。

首先,在人员结构方面,一矿实行了精减机构数量、清退富余人员、推动职工精准转岗、推动一岗多责等措施,提高了企业的生产效率和工作质量。其他煤矿企业在进行人员结构优化时,也要对现有的人员结构进行全面评估,发现人员结构方面的问题并提出相应的改革方案。其次,在技术创新方面,一矿对企业在自主创新方面存在的问题进行评估,提出了相应的改革措施,如加大科研资金投入、加强科研平台建设和人才队伍建设等,从而促进了企业的脱困增盈。其他煤矿企业也需要对自身在技术创新方面存在的问题进行评估,并提出相应的改革措施,将技术创新和其他措施相结合,形成一个相互促进的关系。在煤炭供需不平衡方面,一矿建立了内部工程、服务和产品交易市场,将内部市场化建设与内部资源整合、机构优化设置相结合,助力矿井增效增盈。其他煤矿企业可以借鉴一矿的做法,但也要根据自身实际情况制定相应的市场机制和经营管理模式。最后,在煤炭企业脱困增盈改革中,需要从多个方面入手形成一个统一的管理体系,这需要煤矿企业管理人员进行系统性思考,将各个管理环节相互关联起来,形成一个统一的管理体系。

3. 可持续性原则

脱困增盈改革并非短期行为,而是一个长期的过程。它要求企业持之以恒地进行自我革新与优化,从而确保每一步改革都能稳固地推进,最终实现可持续增长的目标。煤炭企业面对这一复杂过程时,必须采取全面策略,从战略规划到具体实施,再到效果评估和持续改进,每一个环节都不可忽视。只有这样,才能在市场竞争中站稳脚跟,并在资源枯竭、环保压力增大等挑战面前保持竞争力,不断推动企业向着更加健康、高效的方向发展。

首先，脱困增盈改革需要制定明确的长期规划和战略，这样做的目的是确保目标和方向与企业的长远发展紧密相连，从而能够有效地推动企业朝着既定的战略目标前进。长期的规划和战略应该考虑的因素包括市场变化、技术进步、政策环境等，并能够依据外部环境的变化随时调整和优化。其次，建立健全的组织管理机制是实现可持续发展的关键。健全的组织管理机制包括明确的责任分工、有效的沟通机制、科学的绩效评估和激励体系等。通过建立这样一个组织管理机制，可以确保改革措施得到有效的运营管理，促进改革成果的长期稳定发展，为实现高质量发展奠定坚实基础。最后，人才是推动可持续发展的核心要素。煤矿企业应重视人才培养和激励，通过制定一系列科学、合理且具有前瞻性的人才培养策略，能够吸引并留住那些具备专业技能和职业素养的优秀人才，提高员工的专业素养。此外，还应注重员工的培训和激励，通过提供各种形式的员工培训和工作实践机会，激发员工的工作积极性和创造力。同时，营造一个积极向上的工作环境，有助于激发所有员工的工作热情，从而提高企业的核心竞争力。

三、平煤股份一矿脱困增盈实践经验推广的风险

一矿脱困增盈改革涉及面很广，牵涉企业员工、投资者和消费者的切身利益。因此，其他煤矿企业在借鉴一矿脱困增盈改革经验的过程中会面临很多风险，具体风险如下。

1. 盲目照搬风险

在煤炭工业的复杂变革浪潮中，一矿通过深化改革与创新驱动发展战略的实施，已然取得了令人瞩目的阶段性成果。一矿所提出的一系列脱困增盈措施，不仅契合了当时市场的需求和竞争态势，更是基于对企业管理实际状况的深刻洞察和精准把握。这些措施旨在深化内部管理，提升生产效率，增强企业的市场竞争力。但随着煤炭行业竞争环境的变化和一矿管理模式的优化，一矿的脱困增盈改革模式是否能够真正转化为其长期可持续发展的基石，这无疑是一项充满挑战的任务。它要求企业不仅要在短期内实现财务上的扭亏为赢，还要着眼于长远的战略规划，确保改革措施能够持续有效地推进企业的整体发展，并最终实现长期的繁荣与稳定。煤炭行业始终处于"时"与"势"之中，一些变化瞬息之间就可能发生，进而会产生一系列的问题。例如，随着环保政策的不断趋严，煤炭需求和供给的态势将会发生什么变化？煤炭企业又如何应对？技术条件的不断进步和创新，会对煤炭企业产生哪些影响？诸如此类的问题，都将成为摆在每一个煤炭企业面前的现实考验和严峻挑战。对于煤炭企业来说，切忌盲目照搬，应紧密结合当前经济环境以及煤炭行业发展形势进行深入研究和分析，对一矿脱困增盈过程中积累的经验

和教训进行全面分析、系统总结,确保借鉴一矿脱困增盈经验时更加符合实际情况。

2. 经营风险

煤炭企业在借鉴一矿脱困增盈的措施时,往往会投入一定的资金用于培训员工、更新和升级技术与设备。这不仅涉及专业技能的提升,还可能包括对生产流程的优化以及现代化改造的投资。然而,这些费用是否能够转化为预期的收益仍然充满了变数,因为这受到市场需求变化、原材料成本波动、技术革新速度等多重因素影响。这些不确定因素使得煤炭企业在实施类似举措时,需要谨慎评估风险,权衡利弊,以确保投资决策既符合长远发展规划,又能在经济上实现可持续的回报。此外,受多种因素的影响,煤炭行业内部差异巨大。这些因素包括但不限于企业的主要业务、所处地理位置以及国家层面的相关政策。在这种背景下,各个煤炭企业在规模上有着显著的分化,在资源储备、开采技术和管理能力等方面也存在较大差距。市场对煤炭产品需求的多样性更是加剧了这一现象,导致同一地区或同一国家内的煤炭企业面对不同的市场需求时,可能会获得截然不同的利润水平。因此,即便一矿通过特定策略实现了脱困增盈,其成功经验并不能保证其他煤炭企业也能复制相同的成果,因为每一个企业的具体情况、经营环境和外部条件都是独一无二的。所以,在对一矿的脱困增盈措施进行学习的过程中,会存在着收益波动的风险。在推广一矿脱困增盈改革经验的时候,煤炭企业要对自身的实际状况进行评估,对运营成本、收益风险等因素进行全面考虑,从而制定出一套切实可行的推广方案,并对其进行科学的评估与决策,以保证经验的可持续收益。

3. 组织变革风险

为了打破生产经营方面的不利局面,确保矿井能够持续且稳健地发展,一矿采取了一系列积极措施。面对企业机构繁多、职能重叠以及人员配置上的不合理现象,一矿对组织结构进行了精简,减少不必要的层级,明确每个部门的职责与任务,从而优化了人员配置。通过这种科学而合理的人员配备策略,一矿旨在解决长期以来困扰生产效率提升和资源有效利用的问题,推动矿井向着更加健康、高效的方向发展。截至2022年8月,一矿累计压减机构42个,减少干部37人。在面对企业的深度调整时,煤矿企业不得不正视并解决其组织结构的僵化问题。为了摆脱困境、实现利润增长,企业必须进行改革。这种改革通常涉及对现有组织架构进行调整和改变,这无疑会触及许多员工的切身利益,因此很容易引起他们的不满和抵触。一方面,组织变革往往会涉及人员调整,员工可能担心变革会对自身的利益和工作方式产生负面影响。此外,他们也担心一旦变革来临,那些已经习以为常的福利和待遇是否还能继续保持。这种不确定感让他们在面对职场的不确定性时显得尤为焦虑。另一方面,组织变革通常涉及新的工作流程、技术工具和管理方法的引入，员工需要具备相应的知识和技能才能适应新的工作要求，产生抵触心理。这些因素都可能成为阻碍组织变革的重要阻力。要想顺利推行脱困增盈的组织改革，就需要充分考虑这些潜在的挑战，并制定相应的对策来减少阻力，确保变革的成功实施。

附件

平煤股份一矿绩效评价指标的重要度判别问卷

尊敬的专家:

　　您好!

　　我们是河南理工大学课题组,目前正在进行"国有大型煤企脱困增盈路径与实践研究"的课题研究。本研究的最终评价指标体系如表1所示,请您参考表2重要性的标度含义对评价指标的重要性进行评分。您的评分将成为本研究中评价指标权重计算的重要基础数据,因此烦请您客观评判。

　　非常感谢您的支持与帮助!

表1　平煤股份一矿绩效评价指标体系

目标层	准则层	指标层
财务绩效评价指标	B_1 营运能力	C_{10} 应收账款周转率
		C_{11} 存货周转率
		C_{12} 总资产周转率
	B_2 盈利能力	C_{13} 资产报酬率
		C_{14} 总资产净利润率
		C_{15} 净资产收益率
		C_{16} 营业净利率
	B_3 发展能力	C_{17} 总资产增长率
		C_{18} 营业收入增长率
	B_4 偿债能力	C_{19} 流动比率
		C_{20} 速动比率
		C_{21} 资产负债率

续表1

目标层	准则层	指标层
非财务绩效评价指标	B_5 技术创新	C_{22}一矿技术资金投入
		C_{23}专利授权数
	B_6 人才创新	C_{24}人才引进数
		C_{25}一矿人才资金投入
	B_7 安全生产	C_{26}一矿安全生产资金
		C_{27}安全生产培训人次
	B_8 节能环保	C_{28}煤炭采区回采率
		C_{29}一矿节能环保资金
	B_9 社会责任	C_{30}对外捐赠
		C_{31}员工工资支付率

表2　平煤股份一矿财务绩效评价指标的重要性标度含义

重要性标度	含义
1	表示第 i 个指标和第 j 个指标相比,重要性相同
3	表示第 i 个指标和第 j 个指标相比,前者稍重要于后者
5	表示第 i 个指标和第 j 个指标相比,前者明显重要于后者
7	表示第 i 个指标和第 j 个指标相比,前者强烈重要于后者
9	表示第 i 个指标和第 j 个指标相比,前者极端重要于后者
2,4,6,8	表示上述相邻判断的中间值,需要折中使用

平煤股份一矿财务绩效评价指标的准则层重要判定

目标层 A	B_1	B_2	B_3	B_4
B_1	1			
B_2		1		
B_3			1	
B_4				1

平煤股份一矿财务绩效评价指标的方案层重要判定

B_1	C_{10}	C_{11}	C_{12}	
C_{10}	1			
C_{11}		1		
C_{12}			1	

B_2	C_{13}	C_{14}	C_{15}	C_{16}
C_{13}	1			
C_{14}		1		
C_{15}			1	
C_{16}				1

B_3	C_{17}	C_{18}		
C_{17}	1			
C_{18}		1		

B_4	C_{19}	C_{20}	C_{21}	
C_{19}	1			
C_{20}		1		
C_{21}			1	

平煤股份一矿非财务绩效评价指标的准则层重要判定

目标层 A	B_5	B_6	B_7	B_8	B_9
B_5	1				
B_6		1			
B_7			1		
B_8				1	
B_9					1

平煤股份一矿财务绩效评价指标的方案层重要判定

B_5	C_{22}	C_{23}
C_{22}	1	
C_{23}		1
B_6	C_{24}	C_{25}
C_{24}	1	
C_{25}		1
B_7	C_{26}	C_{27}
C_{26}	1	
C_{27}		1
B_8	C_{30}	C_{31}
C_{30}	1	
C_{31}		1
B_9	C_{24}	C_{25}
C_{24}	1	
C_{25}		1

参考文献

[1]杨金曦,范剑才,郑雄凯."共生"理论下的废弃矿坑更新设计策略研究:以海州露天矿为例[J].工业建筑,2023,53(11):80-87.

[2]王晓丹.绿色技术创新对中国神华企业价值的影响研究[D].南宁:广西财经学院,2023.

[3]姜华,李艳萍,高健.双碳背景下煤基产业绿色低碳转型之路[J].环境工程技术学报,2022,12(5):1580-1583.

[4]王一鸣.中国碳达峰碳中和目标下的绿色低碳转型:战略与路径[J].全球化,2021,(6):5-18+133.

[5]刘峰,郭林峰,赵路正.双碳背景下煤炭安全区间与绿色低碳技术路径[J].煤炭学报,2022,47(1):1-15.

[6]康红普,谢和平,任世华,等.全球产业链与能源供应链重构背景下我国煤炭行业发展策略研究[J].中国工程科学,2022,24(6):26-37.

[7]王新平,于淮钰,雷景婷.煤炭企业高质量发展评价体系研究[J].中国矿业,2021,30(3):18-24.

[8]侯梅芳,潘松圻,刘翰林.世界能源转型大势与中国油气可持续发展战略[J].天然气工业,2021,41(12):9-16.

[9]杨涛,黄湘闽,李妍妍.创新风险视角下的煤炭行业高质量发展路径研究[J].煤炭工程,2019,51(11):174-178.

[10]郭丽娜.基于价值链的华北制药成本管理研究[D].天津:天津商业大学,2020.

[11]廉宏达.资源约束背景下黑龙江省木制家具企业绿色溢价市场化实现机制研究[D].哈尔滨:东北林业大学,2023.

[12]魏国文.上海HY汽车租赁公司发展战略研究[D].桂林:桂林理工大学,2021.

[13]贺军,黄贺,朱影.煤炭企业战略管控模式的探索与实践[J].中国煤炭工业,2023,(12):38-39.

[14]焦嶕,赵国浩.煤炭企业绿色低碳发展战略选择研究:基于层次分析法[J].华东经济管理,2019,33(5):168-176.

[15]乔景伟.基于价值链分析的H煤矿成本控制研究[D].西安:西安科技大学,2018.

[16]杨大建.价值链分析工具在精益成本管理中的应用研究[J].企业改革与管理,2020(23):114-115.

[17]庄丽丽.精益管理在企业成本管理中的应用探索[J].现代企业,2020(7):10-11.

[18]祁琛夫.新常态下煤炭企业成本管理影响因素及对策[J].内蒙古煤炭经济,2022(5):68-70.

[19]张贞喆.煤矿企业内部市场化管理研究[D].北京:中国政法大学,2022.

[20]褚敏.中国科技创新型企业的融资策略与资本结构研究[D].上海:上海交通大学,2019.

[21]尹庆伟.中美企业股权结构视角下债务融资绩效比较研究[D].保定:河北大学,2023.

[22]张晓亮.基于复杂网络的电力供应链风险管理研究[D].北京:北京邮电大学,2023.

[23]杨慧芳.H租赁公司风险管理研究[D].成都:西南交通大学,2018.

[24]卫转.煤炭企业会计内部控制及风险防范的策略探讨[J].内蒙古煤炭经济,2023(23):82-84.

[25]李昕怡.煤炭企业内部控制问题及对策的研究[J].内蒙古煤炭经济,2021(24):65-67.

[26]申霞.煤炭行业的河南困境及其破解路径研究[J].中国煤炭,2017,43(7):35-37.

[27]张兴敏,辛大平,陈劲松,等.老煤炭企业以"度危求生,改革脱困"为目标的综合性改革实践[J].国企管理,2020(7):38-47.

[28]曹传法,周峰,郭彦光,等.新旧动能转换下煤机企业脱困转型升级研究[J].煤炭经济研究,2018,38(9):23-27.

[29]田笑丰,冯雪宜.数字化转型对企业绩效的影响机理与评价:以东北制药集团为例[J].经营与管理,2024(4):113-119.

[30]陈黎.新发展格局下企业绩效评价体系优化研究[J].中国集体经济,2024(11):93-96.

[31]郑莹.企业绩效评价与激励机制建设的实践探讨[J].商场现代化,2024(7):92-94.

[32]张地.国有企业绩效考核指标体系验证研究[J].河北企业,2024(4):72-74.

[33]张亚兰.风险视角下的企业税务筹划绩效评价研究[J].西部财会,2024(4):24-26.

[34]王文丽.国有企业财务内部控制存在的问题及相关对策[J].上海企业,2024(4):80-82.

[35]王振强,王紫薇.集团化公司降本增效管理体系构建研究:以F公司为例[J].财务管理研究,2024(4):61-66.

[36]赵晓敏.国有企业全面预算管理与绩效的关系研究[J].财会学习,2024(10):53-55.

[37]张浩元.数字化转型背景下A公司财务绩效评价[J].市场周刊,2024,37(10):157-160.

[38]王红.低碳经济背景下企业高质量发展路径分析[J].全国流通经济,2024(5):84-87.

[39]史晓晴.国有企业精细化成本管理的推进路径分析[J].金融客,2024(2):60-62.

[40]邵东伟,王培梁.低碳背景下煤炭企业绿色物流转型路径分析[J].中国储运,2024(2):116-117.

[41]胡银玲.地方国有企业改革的难点及解决路径分析[J].企业改革与管理,2024(2):26-28.

[42]肖捷.经济新常态下企业工商管理创新路径分析[J].市场瞭望,2024(2):144-146.

[43]何秋梅.基于价值链视角的企业财务分析优化策略探讨[J].企业改革与管理,2023(21):141-143.

[44]孔琳燕.价值链分析法在企业成本管理中的应用[J].现代营销(上旬刊),2023(11):46-48.

[45]孙俐.大变局下军工企业经济效益评价体系研究:基于价值链分析视角[J].航天工业管理,2023(9):32-36.

[46]赖艳丽.国有企业全面预算管理面临的困境及其脱困策略探讨[J].企业改革与管理,2023(17):128-130.

[47]栾甫贵,赵静.我国僵尸企业的脱困重生机制研究:基于多元共治实践的组态分析[J].会计研究,2023(8):61-72.

[48]刘正虎.企业实施全面预算管理工作中面临的困境及对策探讨[J].企业改革与管理,2023(12):122-124.

[49]李有为.大变局下企业运营管理模式变革研究:基于企业价值链分析视角[J].财富时代,2023(5):52-54.

[50]姚燕.基于内部价值链分析的业财融合模式实施路径[D].呼和浩特:内蒙古财经大

学,2023.

[51]王振.基于价值链分析的企业战略成本管理研究[J].全国流通经济,2023(6):68-71.

[52]佟宇琦.基于价值链的 K 公司战略成本管理体系的研究[D].沈阳:沈阳建筑大学,2023.

[53]唐灿.改革脱困加快建设一流交通企业:关于衡阳公交集团公司改革发展的一些思考[J].国有资产管理,2023(1):34-39.

[54]钱高媛.基于企业战略分析视角下的 A 股上市公司脱困案例研究:以 BT 公司为例[J].企业改革与管理,2022(22):64-66.

[55]邓华.基于价值链分析的企业业财融合运作模式研究[J].财会学习,2022(26):8-10.

[56]张驰.企业战略成本管理中价值链分析的应用[J].今日财富(中国知识产权),2022(9):52-54.

[57]孙维佳.基于价值链分析的 LAB 公司战略转型研究[D].成都:西南财经大学,2022.

[58]胡雯.国有企业全面预算管理面临的困境及脱困措施探讨[J].企业改革与管理,2022(15):159-161.

[59]熊剑琦.安通控股脱困路径及其效果分析[D].南昌:江西财经大学,2022.

[60]吕晓帆.我国钢铁行业财务困境上市公司脱困路径及效果研究[D].石家庄:河北经贸大学,2022.

[61]欧子煊.国有企业财务困境下转型解困路径及效果分析[D].上海:上海财经大学,2022.

[62]孙艳军.基于价值链分析的 R 企业成本管理研究[D].昆明:云南财经大学,2021.

[63]王振.基于"价值链"分析的 HY 公司业财融合运作模式研究[D].北京:中国矿业大学,2021.

[64]王斐.基于价值链分析的 T 公司成本控制研究[D].西安:西安石油大学,2021.

[65]刘妍.基于价值链分析的 Y 企业成本控制研究[D].哈尔滨:哈尔滨商业大学,2021.

[66]卢琛.企业价值链分析在财务绩效提升中的有效应用[J].商场现代化,2021(10):139-141.

[67]乌春华,陈传方.扭亏脱困培固企业"新元气":长水河农场有限公司企业脱困纪实[J].农场经济管理,2021(5):3-4.

[68]舒姝.S 外资公司战略成本管理研究[D].苏州:苏州大学,2021.

[69]喜珩珺,魏其东,马耀斌,等.互联网+煤炭:煤炭企业脱困的新途径探索[J].中国新

通信,2020,22(20):221-222.

[70]奚光荣,邬宗文,邬康明,等.煤炭企业以"扭亏脱困"为目标的四维全面预算管理实践[J].国企管理,2020,(18):18-27.

[71]许江波,白喆.内部控制有效性、市场化程度与僵尸企业脱困[J].财会月刊,2020(14):114-121.

[72]赵文沙.供给侧改革视角下八一钢铁脱困路径研究[D].石河子:石河子大学,2020.

[73]王珂朦.传统企业脱困途径:跨行业并购优于同行业并购[D].武汉:中南财经政法大学,2020.

[74]喻稔茹.ST上市公司财务脱困路径与影响因素研究[D].成都:西华大学,2020.

[75]石帆.我国石油化工行业财务困境上市公司脱困研究[D].石家庄:河北经贸大学,2020.

[76]张兴敏,辛大平,陈劲松,等.老煤炭企业以"度危求生,改革脱困"为目标的综合性改革实践[J].国企管理,2020(7):38-47.

[77]谢慧蓉."债转股+资产重组"组合模式在公司财务困境中的运用研究[D].武汉:中南财经政法大学,2019.

[78]Kang H,Wang G,Wang S,et al. High-quality development of China's coal industry[J]. Strategic Study of Chinese Academy of Engineering,2021,23(5):130-138.

[79]Yuan L. Theory and technology considerations on high-quality development of coal main energy security in China[J]. Bulletin of Chinese Academy of Sciences(Chinese Version),2023,38(1):11-22.

[80]Hao X,Song M,Feng Y,et al. De-capacity policy effect on China's coal industry[J]. Energies,2019,12(12):2331.

[81]Ming Z. Exploration and practice of green and low-carbon development path for large coal enterprises[J]. China mining magazine,2023,32(S2):44-48.

[82]Moda M,Ghosh K K,Pathak K. Value chain and core competency based approach tooutsourcing decision:a case of the Indian coal mining organisation[J]. International Journal of Value Chain Management,2023,14(2):168-194.

[83]Goosen E V,Nikitenko S M,Klishin V I,et al. Value chain stress resilience and behavioral strategies of companies in Russian coal industry[J]. Gornye nauki i tekhnologii = Mining Science and Technology(Russia),2022,7(4):330-342.

[84]Doulati Ardejani F,Maghsoudy S,Shahhosseini M,et al. Developing a conceptual framework of green mining strategy in coal mines:integrating socio-economic,health,and

environmental factors[J]. Journal of Mining and Environment,2022,13(1):101-115.

[85] Kęsek M,Bogacz P,Migza M. The application of Lean Management and Six Sigma tools in global mining enterprises[C]//Conference Series:Earth and Environmental Science. IOP Publishing,2019,214(1):012090.

[86] Li Y,Xu L,Liu Z. Research on the Integration of Industry and Finance of Coal Chemical Enterprises under the Background of Lean Management Accounting[J]. Journal of simulation,2021,9(4):15.

[87] Hoang T T,Hoang L T,Phi T K T,et al. The Influence of the Debt Ratio and Enterprise Performance of Joint Stock Companies of Vietnam National Coal and Mineral Industries Holding Corp[J]. The Journal of Asian Finance,Economics and Business,2020,7(10): 803-810.

[88] Zeng J ,Li B. Executive Incentive Model for Sustainable Enterprise Development Under Dual-Objective Orientation[J]. IEEE Access,2020(99):1-1.

[89] Lifeng Z, Qiuju W. Green transformation paths of closed coalmine industrtry in coal resources cities[J]. Coal Geology & Exploration,2022,50(4):3.